锤炼成长　追梦青春
——人文底蕴素养

主　编	吴柳杰	张远红	刘建伟
副主编	杨　明	谭　颖	尹　明
	谭丁香	陈舒翼	袁志强
	李国栋		
参　编	赵夏瑄	洪夏子	田小伟

電子工業出版社

Publishing House of Electronics Industry

北京·BEIJING

内 容 简 介

本书是根据教育部发布的《中国学生发展核心素养》中"人文底蕴"素养方面的文化素养、人文情怀、审美情趣、勇于探究等相关内容，结合职业院校学生的特点编写的主题班会活动教材。全书包括 36 个主题班会活动，以中华优秀传统文化为载体，帮助学生从认识、分析、继承中华优秀传统文化中获取贴近生活与学习的知识，寓教于乐、寓学于趣，全力提升学生的综合素质，为学生的终身发展奠定良好基础。

未经许可，不得以任何方式复制或抄袭本书之部分或全部内容。
版权所有，侵权必究。

图书在版编目（CIP）数据

锤炼成长　追梦青春：人文底蕴素养 / 吴柳杰，张远红，刘建伟主编. —北京：电子工业出版社，2022.7
ISBN 978-7-121-43530-0

Ⅰ．①锤… Ⅱ．①吴… ②张… ③刘… Ⅲ．①人文素质教育—中等专业学校—教材 Ⅳ．①G718.3

中国版本图书馆 CIP 数据核字（2022）第 088198 号

责任编辑：程超群
印　　刷：中国电影出版社印刷厂
装　　订：中国电影出版社印刷厂
出版发行：电子工业出版社
　　　　　北京市海淀区万寿路 173 信箱　邮编　100036
开　　本：787×1 092　1/16　印张：11.5　字数：294 千字
版　　次：2022 年 7 月第 1 版
印　　次：2022 年 7 月第 1 次印刷
定　　价：42.00 元

凡所购买电子工业出版社图书有缺损问题，请向购买书店调换。若书店售缺，请与本社发行部联系，联系及邮购电话：（010）88254888，88258888。

质量投诉请发邮件至 zlts@phei.com.cn，盗版侵权举报请发邮件至 dbqq@phei.com.cn。
本书咨询联系方式：（010）88254577。

编写委员会

主任委员： 刘　旸　湖南省职业技术培训研究室

副主任委员：（排名不分先后）
邱家才　雷和平　唐海君

委　　员：（排名不分先后）
罗　莹　胡亚明　谢革非　李兴魁　刘祖应　姜协武　高广安
罗湘明　廖光中　熊福意　易　灿　肖　评　游红军　冯国庆
何立山　姜　洪　曾　胜　贺　斌　欧惠平　刘　娟　谢　穗
贺　辉　向　波　彭伊凡　张　斌　郭　彪　张远红　贺志华
陈实现　刘彦波　刘　颖　李　皑　陈法安　殷建国　邹仁义
周正耀　丁志强　黄　鑫　黎　军　尹存成　柏先红　王中军
曹钰涵　谭翔北　刘　清　沈朝辉　甘云平　金之椰　李繁华
申学高　窦　伟　兰建国　钟　睿　黄俊云　胡贤燎　肖晓光
张　倩　刘春兰

序言

为学生的终身发展奠基

职业教育与普通教育具有同等重要地位，肩负着为党育人、为国育才的历史使命。这就要求我们必须落实立德树人根本任务，立足学生的终身发展，提升其核心素养，为我国经济社会发展提供有力的人才支撑，实现中华民族伟大复兴的中国梦。

一、培育学生核心素养是新时代对技能人才的新呼唤

2014年发布的《教育部关于全面深化课程改革落实立德树人根本任务的意见》（教基二〔2014〕4号）提出，"研究制订学生发展核心素养体系和学业质量标准……明确学生应具备的适应终身发展和社会发展需要的必备品格和关键能力"。这是我国首次提出"核心素养体系"的概念。2016年9月13日，《中国学生发展核心素养》正式发布，明确学生应具备的、能够适应终身发展和社会发展需要的必备品格和关键能力，是关于学生知识、技能、情感、态度、价值观等多方面要求的综合表现。它以培养"全面发展的人"为核心，分为文化基础、自主发展、社会参与3个方面，综合表现为人文底蕴、科学精神、学会学习、健康生活、责任担当、实践创新六大素养。它根植于中国传统文化，适应现代化要求，紧扣我国国情，满足学生需要的"核心素养"，为新时代人才培育指引了方向。

在未来人力资源市场需求多变的形势下，职业院校不仅应重视学生习得足够的基础知识、基本技能，还要注重学生认识能力、理解判断能力、综合能力等核心素养的培育。

二、牢牢把握培育学生发展核心素养的新理念和新要求

《中国学生发展核心素养》中提出了中国学生发展应该具备六大素养以及18

个基本要点。各素养之间相互联系、相互补充、相互促进，在不同情境中整体发挥作用。

一是文化基础。它涵盖人文、科学等各领域的知识和技能，掌握和运用人类优秀智慧成果，追求真善美的统一，让学生发展成为有宽厚文化基础、有更高精神追求的劳动者。第一，包括人文底蕴，主要是学生在学习、理解、运用人文领域知识和技能等方面所形成的基本能力、情感态度和价值取向，涵盖了人文积淀、人文情怀和审美情趣等基本要点。第二，体现在科学精神，是学生在学习、理解、运用科学知识和技能等方面所形成的价值标准、思维方式和行为表现，涵盖了理性思维、批判质疑、勇于探究等基本要点。

二是自主发展。它表达的是能有效管理自己的学习和生活，认识和发现自我价值，发掘自身潜力，有效应对复杂多变的环境，成就出彩人生，发展成为有明确人生方向、有生活品质的劳动者。第一，学习能力，这是学生在学习意识形成、学习方式方法选择、学习进程评估调控等方面的综合表现，具体包括乐学善学、勤于反思、信息意识等基本要点。第二，健康生活，这是学生在认识自我、发展身心、规划人生等方面的综合表现，具体内容有珍爱生命、健全人格、自我管理等基本要点。

三是社会参与。它强调能处理好自我与社会的关系，养成现代公民所必须遵守和履行的道德准则和行为规范，增强社会责任感，提升创新精神和实践能力，促进个人价值实现，推动社会发展进步，发展成为有理想信念、敢于担当的劳动者。第一，责任担当，学生在处理与社会、国家、国际等关系方面所形成的情感态度、价值取向和行为方式，具体有社会责任、国家认同、国际理解等基本要点。第二，实践创新，这是学生在日常活动、问题解决、适应挑战等方面所形成的实践能力、创新意识和行为表现，包含劳动意识、问题解决、技术应用等基本要点。

三、积极开展职业院校学生核心素养的新探索和新实践

核心素养目标如何达成？通过什么途径实现？这是新时代职业院校培养学生核心素养时需要考虑的重要问题。

职业院校要适应新时代要求，探究和把握学生成长规律，丰富学生核心素养培育载体，创新开展课程思政，促进手脑并用、知行合一，加强实践教育。例如，充分发掘主题班会和第二课堂的育人功能，形成健康向上的校园文化氛围，作为学校思政工作的有效补充。

主题班会课是落实思政工作的重要阵地之一，是促进学生健康成长，提升学生核心素养的必要课堂，是对学生进行思想、道德、法治、人格、心理、安全等方面教育的重要途径。

以湖南省商业技师学院为代表的部分技工院校探索基于核心素养培育的体验式主题班会活动，通过体验式主题班会活动的形式，使学生的核心素养能够得到不断培育，有效促进学生掌握所学知识与技能，激发学习兴趣，培养创新意识，促进个性发展，提升多元化能力，从而使学生能够更好地适应社会发展的需求。这是一种很好的尝试和实践，很有意义。

围绕这个课题，湖南省职业技术培训研究室牵头，组织部分技工院校，突出立德树人这一根本任务，利用主题班会课，培育学生的核心素养，使之内化于心、外化于行，遵循学生身心成长规律，以促进学生全面发展和终身发展为目标。结合学生发展核心素养及职业院校学生的实际情况，采用模块化设计，开发了"职业院校学生发展核心素养系列读本"，包括《自主能力发展》《人文底蕴素养》《社会参与能力》《职业精神培育》四本读本，每本读本设计了 36 个主题活动，通过 4 个维度 144 个主题活动，构建规范的学生发展核心素养主题班会活动体系，多角度、多层面，深入浅出地引导学生体会人生哲理、学习优秀文化、参与社会活动、培育职业精神，达到加强学生自主管理、增强文化自信、勇于承担责任、提升职业能力的目的，最终实现培养有理想信念、家国情怀、精湛技艺、创新精神的未来工匠之目的。

探索新时代学生核心素养培育途径是一个永不落幕的课题，希望有更多关注技能人才培育的有识之士共同探讨和研究，共同推动这项有意义的工作，为提高学生的核心素养，增强就业竞争力，提升适应岗位及职业变化的能力，为学生的可持续健康发展，提供可借鉴的方法和模式。

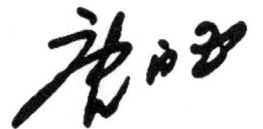

前　言

为了贯彻落实"立德树人"的根本任务要求，为职业院校开展学生思想政治教育提供参考，更好地培育和践行社会主义核心价值观，我们组织人员根据教育部"中国学生发展核心素养"课题组发布的《中国学生发展核心素养》基本内容编写了本套丛书，包括自主能力发展、人文底蕴素养、社会参与能力、职业精神培育，共4册。每册书的内容围绕职业院校每周班会的主题活动展开，尊重职业院校学生的成长规律，在轻松活泼的活动中，结合理论学习，帮助学生认识自我，学会识别和合理利用正确的信息，培养学生树立正确的世界观、人生观、价值观，从而提升职业院校学生的自我管理能力，使其学习效率更为显著，校园生活更有品质。

本书包括36个主题活动，涵盖文化素养、科学精神、人文情怀、美育塑行等内容。每个主题活动均以学生为主体，采用活动体验式的结构，结合复盘反思的方式，以立德树人为根本，以理想信念教育为核心，以社会主义核心价值观为引领，以全面提高学生人文底蕴素养为关键，通过活动目标、活动探究、活动体验、活动回顾、活动延伸等5个环节，重塑师生关系，使班会课真正成为学生自我教育、自我成长的平台，让思想教育真正成为学生内化为良好品行的驱动力，实现知行合一，切实提高学生思政工作的实效性，开创新时代职业院校思政工作的新局面。

本书的编者都是来自职业教育工作一线的班主任、学生工作管理者及教学研究专家，理论积淀和实战经验丰富。本书遵循职业教育规律、思想政治工作规律、职业院校学生成长规律，把握学生的思想特点和发展需求，以"中国学生发展核心素养"为脉络，行文通俗易懂，既有贴合时代性的宏大主题，又有帮助学生学习成长的细致关怀，力求做到立足学生实际、贴近学生生活、提升学生素养，希望有效提高职业院校主题班会课的内涵与质量。

本书由吴柳杰、张远红、刘建伟担任主编，杨明、谭颖、尹明、谭丁香、陈舒翼、袁志强、李国栋担任副主编，赵夏瑄、洪夏子、田小伟参与编写。全书由吴柳杰、张远红、刘建伟负责整体构思、班级活动主题选择等工作，吴柳杰、尹明负责全书统稿工作。其中，吴柳杰主要撰写了活动 23～活动 26；杨明撰写了活动 1～活动 4 及活动 8、活动 9、活动 36；谭颖撰写了活动 5～活动 7 及活动 10～活动 12；尹明撰写了活动 31～活动 35；谭丁香撰写了活动 16～活动 20；陈舒翼撰写了活动 27～活动 30；袁志强撰写了活动 13～活动 15；李国栋撰写了活动 21、活动 22；赵夏瑄、洪夏子、田小伟负责资料收集和整理等工作。

在本书编写过程中得到了湖南省人力资源和社会保障厅相关领导的关心和指导，也得到了兄弟院校的大力支持，在此一并表示感谢！

受编者水平所限，书中难免存在不足和疏漏之处，恳请专家、读者和同人批评指正！

编　者

目　　录

活动 01	情谊聚诗词	001
活动 02	心旷创诗词	005
活动 03	劳动育诗词	010
活动 04	家国系诗词	014
活动 05	阅美句，品美景	018
活动 06	读美文，鉴人物	023
活动 07	集美文，诵经典	029
活动 08	格言促行动	035
活动 09	走进歇后语	039
活动 10	我的路，我选择	044
活动 11	我行动，我成功	049
活动 12	我自信，我自强	053
活动 13	实践出真理	057
活动 14	真知谨为先	062
活动 15	勉行勤求索	066
活动 16	仪容礼仪，让我们青春靓丽	070
活动 17	仪态礼仪，让我们优雅绅士	075
活动 18	称呼礼仪，让我们知书达理	080
活动 19	见面礼仪，让我们谦让客气	085
活动 20	宴饮礼仪，让我们热情好客	090
活动 21	电话礼仪	095
活动 22	面试礼仪	100

活动 23	共欢新故岁	105
活动 24	远怀重清明	109
活动 25	秋空明月悬	113
活动 26	百舸粽争先	117
活动 27	节气之画卷	121
活动 28	纸上艺术展	126
活动 29	中国结，中国心	131
活动 30	好家风，伴成长	136
活动 31	玩味纯美自然	141
活动 32	玩转炫美校园	147
活动 33	美的行为塑心灵	152
活动 34	美的言语润心田	158
活动 35	美的人格展心性	163
活动 36	怒放的生命	168

活动 01　情谊聚诗词

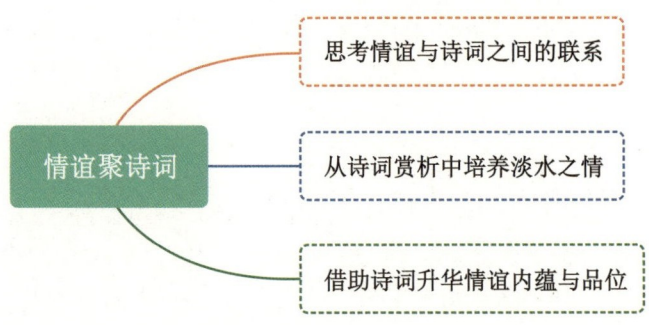

活动目标

1. 查找并探知与情谊有关的诗词。
2. 对与情谊有关的诗词加以评析。
3. 拓展知识视野，培养纯真友情。

活动探究

❋ 情境导入

"过眼年华，动人幽意，相逢几番春换。"古人常因与友人相隔甚远而感叹伤怀。而今，我们交通便捷，网络发达，"天涯若比邻"已然成为真实情境。但即便如此，"万两黄金容易得，知心一个也难求"仍是众人皆有的内心感慨。因此，挖掘共同志趣，拓展知识视野，培养豁达心胸，追求恬淡感观，才能让友谊之树常青！

❋ 学生思考

1. 你知道描写人与人之间最有默契的诗歌是哪一首吗？

人文底蕴素养

2. 你会背多少首与情谊有关的诗歌？

3. 你能联系自己的生活创作一首与情谊有关的诗歌吗？

 **知识探究**

送友人

[唐]李白

青山横北郭，白水绕东城。

此地一为别，孤蓬万里征。

浮云游子意，落日故人情。

挥手自兹去，萧萧班马鸣。

简析：

这是一首情意深长的送别诗，作者通过对送别环境的刻画、气氛的渲染，表达了诗人对友人的深切关心。诗文流畅自然、感情真挚。

活动体验

 写

请你写下自己最喜欢的一首与送别有关的诗或词。

 想

你知道描写友人之间情感最深的诗歌是哪一首吗？

 画

请根据王勃《送杜少府之任蜀州》的内容创作一幅素描图。

 比

（1）根据班级情况将全体同学分成若干小组，每个小组4～6人。

（2）每个小组成员查找个人最喜欢的一首与情谊有关的诗词，汇总至小组长。

（3）各小组汇总后，挑选出本小组最喜欢的一首诗词，以组为单位在全班进行诵读比赛。

活动回顾

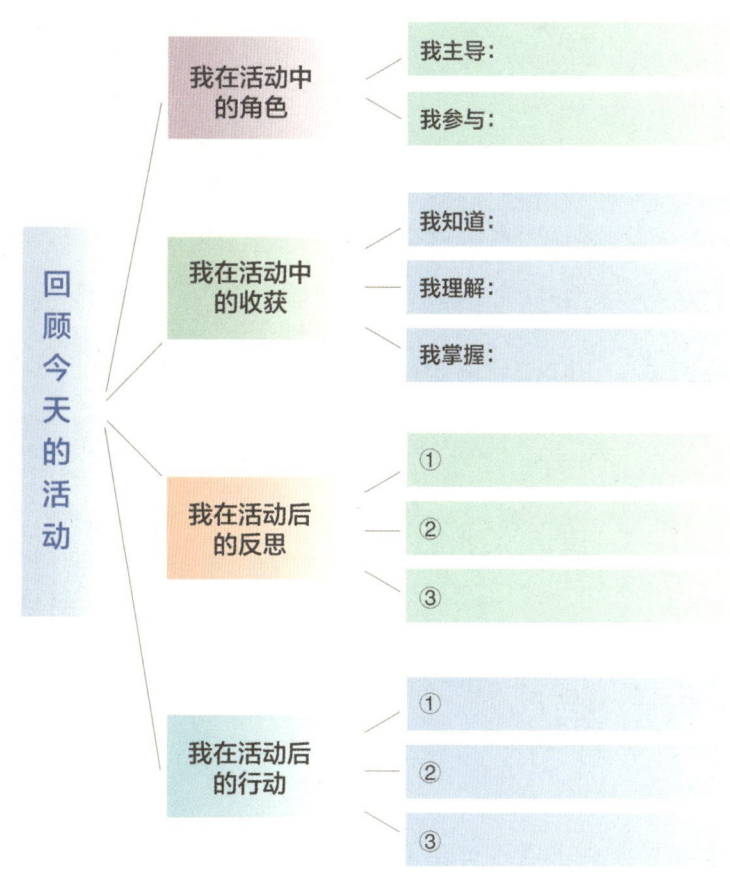

活动延伸

1. 创作一首与友情相关的诗歌或词，并通过微信、QQ或邮件发送给你最好的朋友。

2. 视频推介：《中国诗词大会（第一季）》。

活动 02　心旷创诗词

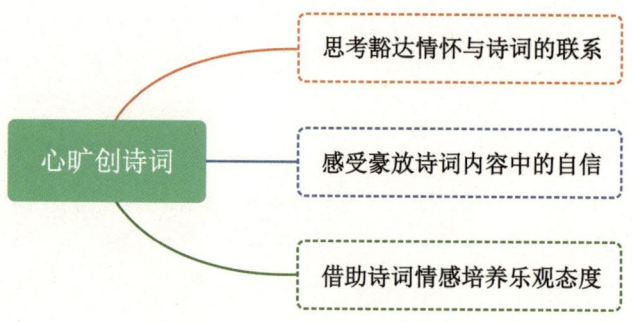

活动目标

1. 查找并探知与旷达有关的诗词。
2. 对与旷达有关的诗词加以评析。
3. 拓展知识视野，培养乐观情怀。

活动探究

情境导入

宽容是一首人生的诗。宽容的至高境界，不是仅仅表现在日常生活中某一具体事情的处理上，而是升华为一种海纳百川的胸襟，对人生如诗一般的气度。心旷则易宽容，易宽容则易快乐。古代诗人大多历经磨难，但乐观豪放者常能在逆境中放歌作诗、月下起舞。

学生思考

1. 你最喜欢的一首与旷达情怀有关的诗词是哪一首?

2. 你认为心胸旷达的人都有怎样的性格特点?

3. 你能联系自己的生活创作一首与旷达有关的诗或词吗?

知识探究

定风波·莫听穿林打叶声
[宋]苏轼

莫听穿林打叶声，何妨吟啸且徐行。竹杖芒鞋轻胜马，谁怕？一蓑烟雨任平生。

料峭春风吹酒醒，微冷，山头斜照却相迎。回首向来萧瑟处，归去，也无风雨也无晴。

简析：

此词为醉归遇雨抒怀之作。词人借雨中潇洒徐行之举动，表现了虽身处逆境、屡遭挫折而不畏惧、不颓丧的倔强性格和旷达胸怀。全词即景生情、语言诙谐。

活动体验

"咬定青山不放松，立根原在破岩中。千磨万击还坚劲，任尔东西南北风。"你能从这首诗中读出怎样的内在意蕴？

请你分别找出心胸旷达与心胸狭隘的两句古诗词，并加以比较。

写

你认为旷达的人会有怎样的收获？请写出五条，每条均用四个字概括。

比

（1）根据班级情况将全体同学分成若干小组，每个小组4～6人。

（2）每个小组成员查找个人最喜欢的一首与旷达有关的诗词，汇总至小组长。

（3）各小组汇总后，挑选出本小组最喜欢的一首诗词，以组为单位在全班进行诵读比赛。

活动回顾

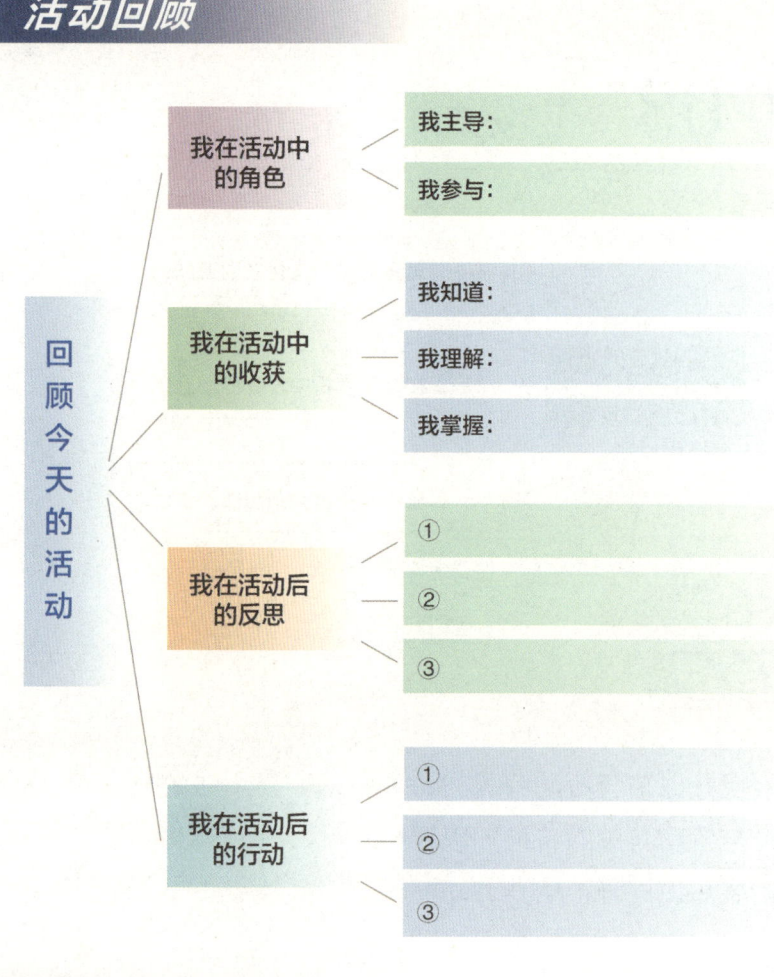

活动延伸

1. 课后自创或找寻一篇与旷达有关的诗词或文章进行诵读，并借助音频软件进行编辑后在班级群里分享自己的朗诵作品。

2. 视频推介:《中国诗词大会（第二季）》。

人文底蕴素养

活动 03　劳动育诗词

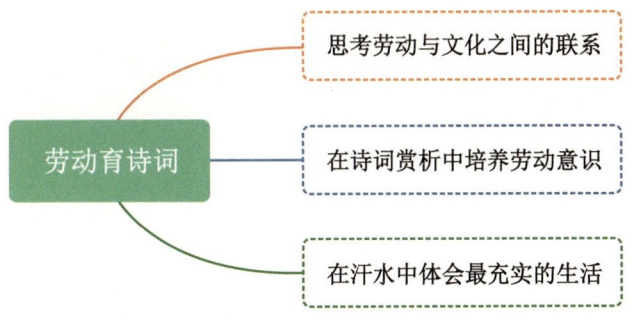

活动目标

1. 查找并探知与劳动有关的诗词。
2. 对与劳动有关的诗词加以评析。
3. 拓展知识视野，培养劳动意识。

活动探究

❋ 情境导入

"断竹，续竹，飞土，逐肉。"这是一首远古民歌，反映了原始社会的狩猎生活（用竹子制作弹弓，以土丸射击野兽）。原始社会，先民们以狩猎为生。由于生产力水平低下，刀耕火种，狩猎的手段也极为落后。随着社会的不断发展，生产工具慢慢地有了改进。弓弹（也叫弹弓）出现以后，既可以射鸟，又可以射兽，生产力水平有所提高。

劳动的付出，让我们收获了知识与技能，也将促使我们每个人与社会向着高远的目标迈进！

 学生思考

1. 你知道最早描写人民劳动的诗歌名称吗?

2. 你知道哪些诗词与劳动有关吗?

3. 你能联系自己的日常生活,创作一首与劳动相关的诗歌吗?

知识探究

乡村四月

[宋]翁卷

绿遍山原白满川,子规声里雨如烟。

乡村四月闲人少,才了蚕桑又插田。

简析：

　　这首诗全篇语言朴实生动，风格平易自然，富有生活气息，表达了作者对农民辛勤劳动的赞美之情。

活动体验

 说

　　请大家结合下图谈谈你在自己的家乡所见到的劳动生活场景。

 写

　　我也当诗人：乡村四月闲人少，才了_____又_____。

 找

　　诗词接龙：请借助书籍或网络，每人搜集一句与劳动有关的诗

词，完成全班同学的诗词接龙游戏。

比

（1）根据班级情况将全体同学分成若干小组，每个小组4~6人。

（2）每个小组成员查找个人最喜欢的一首与劳动有关的诗词，汇总至小组长。

（3）各小组汇总后，挑选出本小组最喜欢的一首诗词，以组为单位在全班进行诵读比赛。

活动回顾

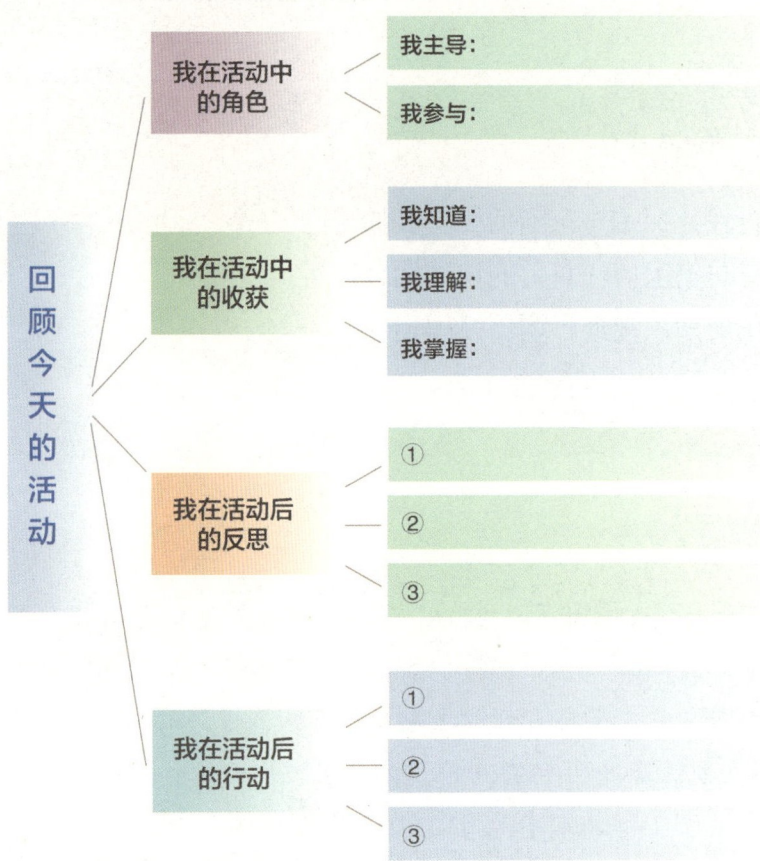

活动延伸

1. 请联系自己的日常生活，创作一首与劳动相关的诗歌或词。
2. 视频推介：《中国诗词大会（第三季）》。

活动 04　家国系诗词

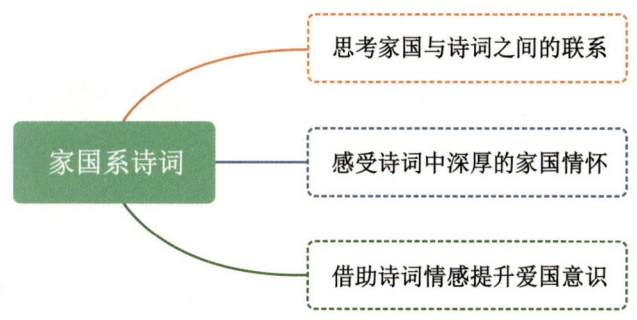

活动目标

1. 查找并探知与家国情怀有关的诗词。
2. 对与家国情怀有关的诗词加以评析。
3. 拓展知识视野，培养爱国情怀。

活动探究

情境导入

"爱国，不能停留在口号上，而是要把自己的理想同祖国的前途、把自己的人生同民族的命运紧密联系在一起，扎根人民，奉献国家。"爱国主义是常写常新的主题。拥有家国情怀的作品，最能感召中华儿女团结奋斗。范仲淹的"先天下之忧而忧，后天下之乐而乐"，陆游的"王师北定中原日，家祭无忘告乃翁""位卑未敢忘忧国""夜阑卧听风吹雨，铁马冰河入梦来"，文天祥的"人生自古谁无死，留取丹心照汗青"，林则徐的"苟利国家生死以，岂因祸福避趋之"，岳飞的《满江红》，方志敏的《可爱的中国》，等等，都以全部热情为祖国放歌抒怀。古往今来，正是这种舍小家为大家的情怀，让中华民族焕发出刚毅坚韧的生命力。

学生思考

1. 你最喜欢的一首与爱国情怀有关的诗词是哪一首？

2. 从古至今，哪一个历史事件让你感受到了民族自豪感？

3. 你能联系自己的生活创作一首与爱国有关的诗或词吗？

知识探究

诉衷情·当年万里觅封侯

[宋]陆游

当年万里觅封侯，匹马戍梁州。关河梦断何处？尘暗旧貂裘。胡未灭，鬓先秋，泪空流。此生谁料，心在天山，身老沧洲。

简析：

　　此词描写了作者一生中最值得怀念的一段岁月，通过今昔对比，反映了一位爱国志士的坎坷经历和不幸遭遇，表达了作者壮志未酬、报国无门的悲愤不平之情。

活动体验

 说

　　1. 请大家齐声诵读《过零丁洋》，并谈谈你对这首诗歌的理解。

　　2. 请结合我国历代名人志士对待生死的价值观，举例谈谈哪位爱国诗人的事迹最打动你的内心。

 画

　　请将你自己的爱国行为用一幅图画来展示并配上简短诗句。

比

（1）根据班级情况将全体同学分成若干小组，每个小组4~6人。

（2）每个小组成员查找个人最喜欢的一首与爱国有关的诗词，汇总至小组长。

（3）各小组汇总后，挑选出本小组最喜欢的一首诗词，以组为单位在全班进行诵读比赛。

活动回顾

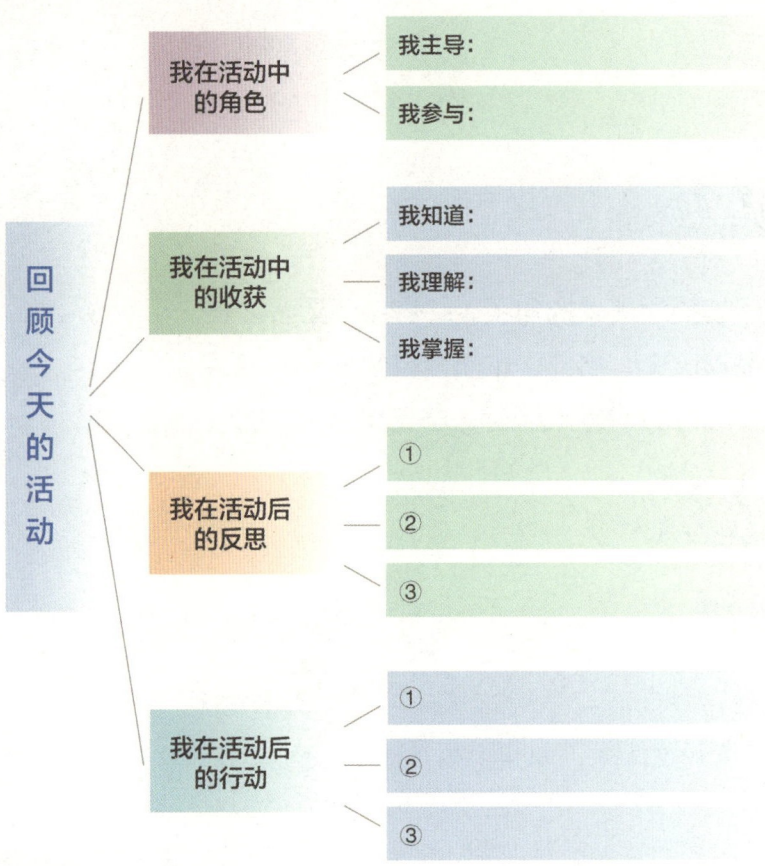

活动延伸

1. 请在你的朋友圈发布一首与爱国有关的诗歌，比一比谁收到的回复最多。

2. 视频推介：《中国诗词大会（第四季）》。

人文底蕴素养

活动 05　阅美句，品美景

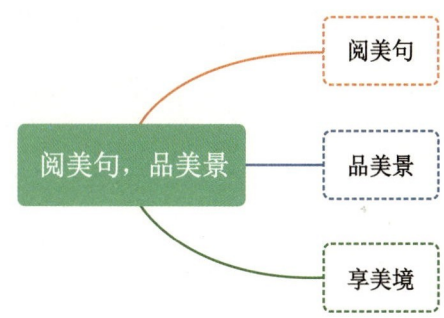

活动目标

1. 阅读描绘美景的句子，寻踪中华语言之美。
2. 品读美文，培养学生热爱自然的美好感情。
3. 品味优美的写景语言，感受作者抒发的情感。

活动探究

情境导入

祖国的大好河山，每一处都有各自的独特之处。衡山、嵩山、华山、长江和黄河等，相信大家看过这些风景名胜之地都会有不一样的感受。

多少文人墨客游览了这些山川湖泊美景后，留下了一篇篇经典的美文。

学生思考

1. 你知道有哪些写景的美文吗？

2. 你会经常翻阅、诵读这些写景美文吗?

3. 你自己尝试过写一篇写景的文章吗?

知识探究

梧桐树(节选)
丰子恺

在夏天,我又眼看见绿叶成阴的光景。那些团扇大的叶片,长得密密层层,望去不留一线空隙,好像一个大绿障,又好像图案画中的一座青山。在我所常见的庭院植物中,叶子之大,除了芭蕉以外,恐怕无过于梧桐了。芭蕉叶形状虽大,数目不多,那丁香结要过好几天才展开一张叶子来，全树的叶子寥寥可数。梧桐叶虽不及它大，可是数目繁多。那猪耳朵一般的东西，重重叠叠地挂着，一直从低枝上挂到树顶。窗前摆了几枝梧桐，我觉得绿意实在太多了。古人说"芭蕉分绿上窗纱"，眼光未免太低，只是阶前窗下的所见而已。若登楼眺望，芭蕉便落在眼底，应见"梧桐分绿上窗纱"了。

（选自《一念放下，万般自在——丰子恺散文精选集》）

简析：

此段用到了比喻的修辞手法，写了梧桐树叶子的多、大，绿意盎然，为下文蓄势，也为作者抒发人生感慨做铺垫。

活动体验

 画

请你根据朱自清的《荷塘月色》这段写景文字画一幅画。

曲曲折折的荷塘上面，弥望的是田田的叶子。叶子出水很高，像亭亭的舞女的裙。层层的叶子中间，零星地点缀着些白花，有袅娜地开着的，有羞涩地打着朵儿的；正如一粒粒的明珠，又如碧天里的星星。微风过处，送来缕缕清香，仿佛远处高楼上渺茫的歌声似的。这时候叶子与花也有一丝的颤动，像闪电般，霎时传过荷塘的那边去了。叶子本是肩并肩密密地挨着，这便宛然有了一道凝碧的波痕。叶子底下是脉脉的流水，遮住了，不能见一些颜色；而叶子却更见风致了。

（选自《语文（基础模块）（下册）》）

找

请同学们进行美景大搜索。

（1）活动分组：将全体同学分成若干小组，每个小组4～6人。

（2）活动准备：每个小组分别搜集有关家乡或身边美景的段落和文章。

（3）活动实施：

① 每个小组用一周的时间搜索家乡或身边美景的段落和文章。

② 组员间互相分析，并评选出最美的文字。

③ 在主题班会课上朗诵本组的优美段落和文章，共同投票评选出最美景色。

④ 将最美文字贴在教室后的学习园地进行展示。

写

请同学们尝试着写一段描写美景的文字。

比

（1）根据班级情况将全体同学分成若干小组，每个小组4～6人。

（2）每个小组成员选出最美原创写景文字，并说出推荐的理由。

（3）每组选出的作品，由作者在主题班会课上有感情地进行朗读，并展示所描绘景物的图片。

活动回顾

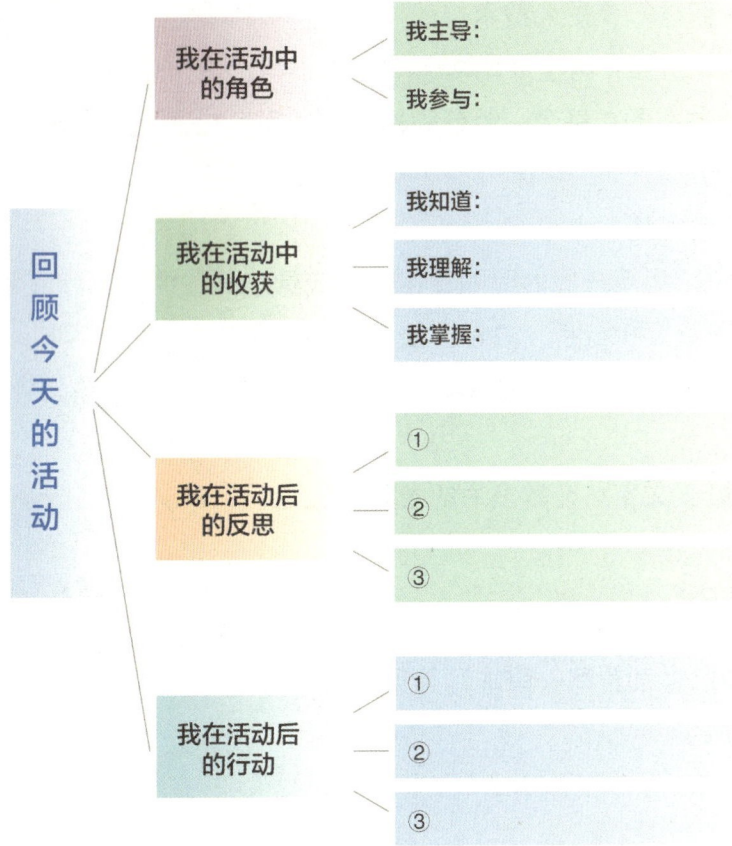

活动延伸

1. 阅读沈从文的《春游颐和园》并思考：通过这篇文章，你品出了什么？

2. 阅读老舍的《大明湖之春》，读了这篇美文后思考：除读出其景物之美，你还悟出了什么？

活动 06　读美文，鉴人物

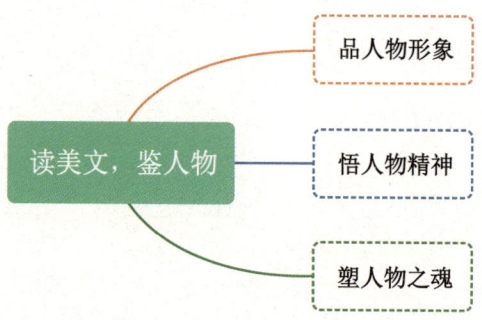

活动目标

1. 品鉴人物语句，了解人物的内在品质。
2. 研究人物语句，提高鉴赏文学作品的能力。
3. 品味人物语句，培养人物描写的创作能力。

活动探究

情境导入

　　经典的小说往往情节生动且人物形象个性鲜明，如足智多谋的诸葛亮，叛逆多情的贾宝玉，多愁善感的林黛玉，豪放勇猛的武松，敢作敢为的孙悟空……每个人物形象在作者的笔下都显得栩栩如生、惟妙惟肖，令人印象深刻。

学生思考

1. 在你读过的文章中，你对哪位人物形象的印象最为深刻？

2. 这位人物的形象特点是什么？

3. 你曾尝试着用文字描述身边的人吗？

 知识探究

《水浒传》（节选）

施耐庵　罗贯中

眼如丹凤，眉似卧蚕。滴溜溜两耳垂珠，明皎皎双睛点漆。唇方口正，髭须地阁轻盈；额阔顶平，皮肉天仓饱满。坐定时浑如虎相，走动时有若狼形。年及三旬，有养济万人之度量；身躯六尺，怀扫除四海之心机。上应星魁，感乾坤之秀气；下临凡世，聚山岳

之降灵。志气轩昂，胸襟秀丽。刀笔敢欺萧相国，声名不让孟尝君。（宋江）

身躯凛凛，相貌堂堂。一双眼光射寒星，两弯眉浑如刷漆。胸脯横阔，有万夫难敌之威风；语话轩昂，吐千丈凌云之志气。心雄胆大，似撼天狮子下云端；骨健筋强，如摇地貔貅临座上。如同天上降魔主，真是人间太岁神。（武松）

头戴一顶青纱抓角儿头巾，脑后两个白玉圈连珠鬓环。身穿一领单绿罗团花战袍，腰系一条双搭尾龟背银带。穿一对磕瓜头朝样皂靴，手中执一把折叠纸西川扇子。那官人生的豹头环眼，燕颔虎须，八尺长短身材，三十四五年纪。（林冲）

（选自《水浒传》，人民文学出版社）

简析：
以上三个片段为《水浒传》中三位人物形象的外貌描绘，生动形象，跃然纸上。

活动体验

写

你记得下列作品中的人物形象吗？能写出相关特征性的句子吗？

（1）朱自清：《背影》
主人公：_____
描写人物形象特征的句子：_____
_____
_____

（2）曹雪芹：《林黛玉进贾府》
主人公：_____
描写人物形象特征的句子：_____
_____
_____

人文底蕴素养

（3）鲁迅：《故乡》
主人公：_____
描写人物形象特征的句子：_____
_____
_____

（4）史铁生：《我与地坛》
主人公：_____
描写人物形象特征的句子：_____
_____
_____

（5）老舍：《骆驼祥子》
主人公：_____
描写人物形象特征的句子：_____
_____
_____

◆ 画

请根据下面这段文字，在卡片上用笔简单画出人物形象。

"妹妹刚上小学一年级，既聪明又懂事，能歌善舞，可爱得很。她的小辫子向上翘着，两只黑亮的眼睛荡漾着微波，两个脸蛋红红的，两条眉毛又弯又细。她唱起歌来，细黑眉毛一挑一挑的，黑黑的眼睛深情地望着远方，张开的两只小手，仿佛一双翅膀，欲飞上九霄云外。"

◆ 写

请用恰当的言语为自己的父母进行人物形象描绘。

比

（1）根据班级情况将全体同学分成若干小组，每个小组4～6人。

（2）每个小组至少选一名学员进行人物描述，其他同学猜一猜他描述的是谁。

（3）每组选出最优秀的作品，在班上进行展示。

活动回顾

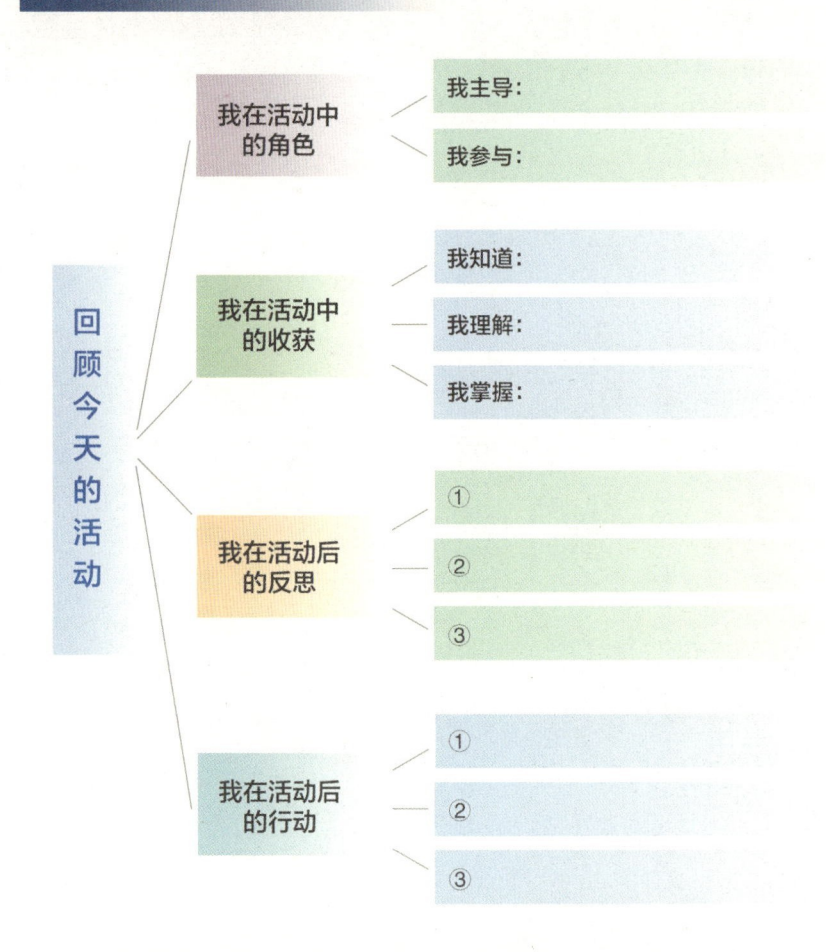

回顾今天的活动
- 我在活动中的角色
  - 我主导：
  - 我参与：
- 我在活动中的收获
  - 我知道：
  - 我理解：
  - 我掌握：
- 我在活动后的反思
  - ①
  - ②
  - ③
- 我在活动后的行动
  - ①
  - ②
  - ③

活动延伸

1. 阅读罗贯中的《三国演义》，仔细赏析所描绘的经典人物，感悟人物形象。

2. 阅读郁达夫的《送仿吾的行》，赏析文中主要人物的性格特点并思考：这篇文章主要人物的性格特点是什么？

活动 07 集美文，诵经典

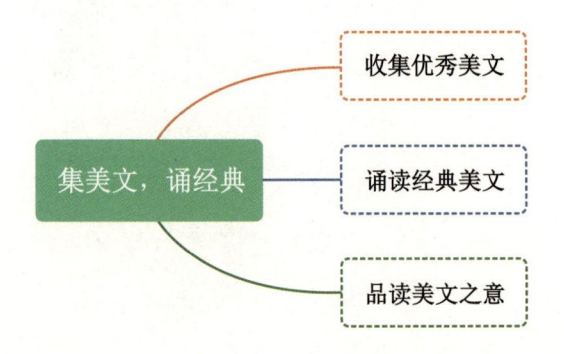

```
                    ┌─ 收集优秀美文
    集美文，诵经典 ──┼─ 诵读经典美文
                    └─ 品读美文之意
```

活动目标

1. 收集优秀美文，激发阅读兴趣，提高人文修养。
2. 诵读经典美文，增强对祖国语言文字的热爱。
3. 品读美文之意，传承中华民族优秀文化。

活动探究

情境导入

优美的文字意蕴悠远，令人心旷神怡。以下节选自冰心的《笑》：

雨声渐渐地住了，窗帘后隐隐地透进清光来。推开窗户一看，呀！凉云散了，树叶上的残滴，映着月儿，好似荧光千点，闪闪烁烁地动着。——真没想到苦雨孤灯之后，会有这么一幅清美的图画！

凭窗站了一会儿，微微的觉得凉意侵人。转过身来，忽然眼花缭乱，屋子里的别的东西，都隐在光云里；一片幽辉，只浸着墙上画中的安琪儿。——这白衣的安琪儿，抱着花儿，扬着翅儿，向着我微微地笑。

人文底蕴素养

🎯 学生思考

1. 你喜欢这段文字的哪几句？

2. 你从这篇散文中读出了什么呢？

✴ 知识探究

美文，它是优美且生动有趣的，是现代语言艺术文学体裁的一种典范，并具有比较高的审美价值，在长期流传过程中，它浇灌了各个时代的文学园地，也灌溉了历代文人，至今仍使人们受益。

活动体验

◆ 测

面对经典美文，你是怎么做的呢？

内　　容	你　的　答　案
1. 你会经常朗诵经典美文吗?	
2. 你比较喜欢哪种类型的美文?	
3. 你有抄录美文中经典语句的习惯吗?	
4. 你阅读过多少篇美文?	
5. 你在阅读完一篇美文之后,能够学以致用吗?	

◆ 写

1. 写出你曾阅读的十篇美文。

2. 写出你阅读这十篇美文的理由。

3. 写出你阅读美文的点滴感悟。

◆ 品

海上的日出

巴金

为了看日出，我常常早起。那时天还没有大亮，周围非常清静，船上只有机器的响声。

天空还是一片浅蓝，颜色很浅。转眼间天边出现了一道红霞，慢慢地在扩大它的范围，加强它的亮光。我知道太阳要从天边升起来了，便不转眼地望着那里。

果然过了一会儿，在那个地方出现了太阳的小半边脸，红是真红，却没有亮光。这个太阳好像负着重荷似的一步一步、慢慢地努力上升，到了最后，终于冲破了云霞，完全跳出了海面，颜色红得非常可爱。一刹那间，这个深红的圆东西，忽然发出了夺目的亮光，射得人眼睛发痛，它旁边的云片也突然有了光彩。

有时太阳走进了云堆中，它的光线却从云里射下来，直射到水面上。这时候要分辨出哪里是水，哪里是天，倒也不容易，因为我就只看见一片灿烂的亮光。

有时天边有黑云，而且云片很厚，太阳出来，人眼还看不见。然而太阳在黑云里放射的光芒，透过黑云的重围，替黑云镶了一道发光的金边。后来太阳才慢慢地冲出重围，出现在天空，甚至把黑云也染成了紫色或者红色。这时候发亮的不是太阳、云和海水,连我自己也成了明亮的了。

这不是很伟大的奇观么?

1927 年 1 月
(选自《巴金散文》,浙江文艺出版社)

你能读出这篇美文所描绘的"奇"在何处吗?

比

(1)根据班级情况将全体同学分成若干小组,每个小组4~6人。

(2)每人选读2~3篇经典美文,自由诵读。

(3)小组成员推荐、确定本组共同的诵读内容。

(4)个体展示,发表感想,小组内分享交流诵读感受。

(5)组成班级评审组,对每个小组的诵读展示进行点评,评出班级"诵读之星"。

想

通过经典美文诵读活动,你有哪些感受和领悟?通过与同学交流分享,你又有哪些收获和借鉴?

人文底蕴素养

活动回顾

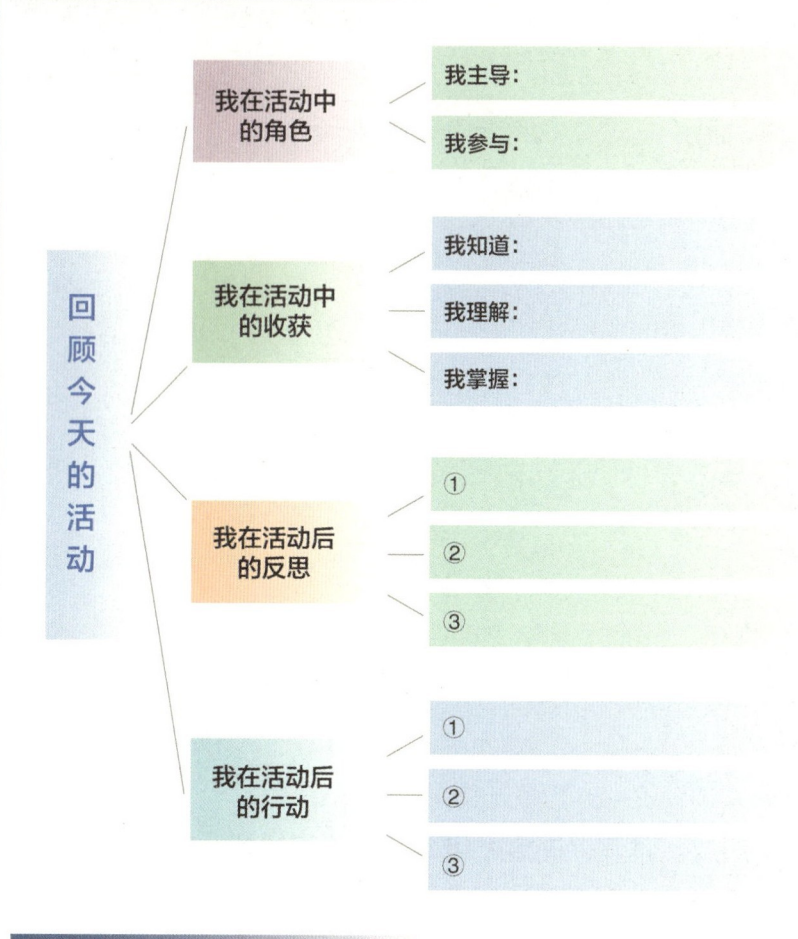

回顾今天的活动
- 我在活动中的角色
  - 我主导：
  - 我参与：
- 我在活动中的收获
  - 我知道：
  - 我理解：
  - 我掌握：
- 我在活动后的反思
  - ①
  - ②
  - ③
- 我在活动后的行动
  - ①
  - ②
  - ③

活动延伸

1. 请阅读孙犁的《采蒲台的苇》(《孙犁散文精选》，长江文艺出版社)，并与同学分享你的感悟。

2. 请阅读毕淑敏的《造心》(《毕淑敏散文精选》，长江文艺出版社)，并思考你从中读出了什么人生感悟。

活动 08　格言促行动

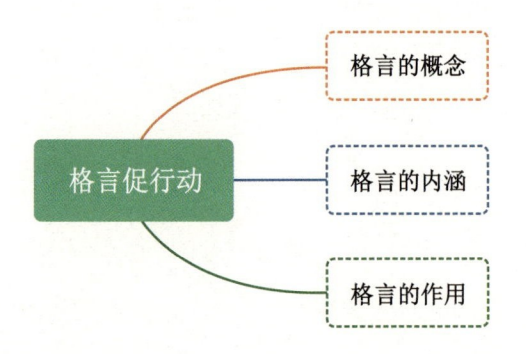

```
格言促行动 ── 格言的概念
         ── 格言的内涵
         ── 格言的作用
```

活动目标

1. 积累格言，感悟格言的深刻内涵。
2. 能巧妙运用格言表达自己的观点。
3. 通过格言学习树立个人远大目标。

活动探究

情境导入

格言又称箴言，可以作为人们行为规范的言简意赅的语句，凝聚了古圣先贤的人生智慧，且具备简练生动的表达方式。格言寓意深刻，言辞精辟。许多成功人士，在他们成长和成功的过程中受到一些格言的启示，使他们言行得体，办事严谨，讲诚信，懂自制。

学生思考

1. 格言的类别有哪些？

2. 你知道哪些与格言有关的故事？

3. 在你的人生道路上，受到哪些格言的启发？

✦ 知识探究

"由俭入奢易，由奢入俭难"，这是司马光的家书《训俭示康》中的格言。他写此家书的目的在于告诫儿子不可沾染纨绔之气，应保持清廉俭朴的家庭传统。在他的教育下，儿子司马康从小就懂得俭朴的重要性，并以俭朴自律。方志敏身为将军，经手的款项以百万计，但他的财产却是几件破汗衫和破袜子。如今，随着社会生产力的迅猛发展，人们的物质生活越来越丰富了，原有的生活方式在发生着变革，消费观念也相应发生了较大变化，但我们依然需要从前辈的优良传统中吸取艰苦奋斗的精神，并加倍珍惜今天来之不易的幸福。

活动体验

● 想

你在生活中看到过哪些书信的格式？

● 写

请把你看到的书信格式记录下来。

● 说

你如何演示行动来操行以上格式？

● 托

（1）根据班级情况将全体同学分成若干小组，每小组4～6人。

（2）每个小组挑选一类格言主题，以列表形式展示"格言促行动"的实践活动方案。

（3）各小组汇总后，派代表上台对活动方案进行现场介绍，并在课后将具体实践行动拍照上传至班级群。

活动回顾

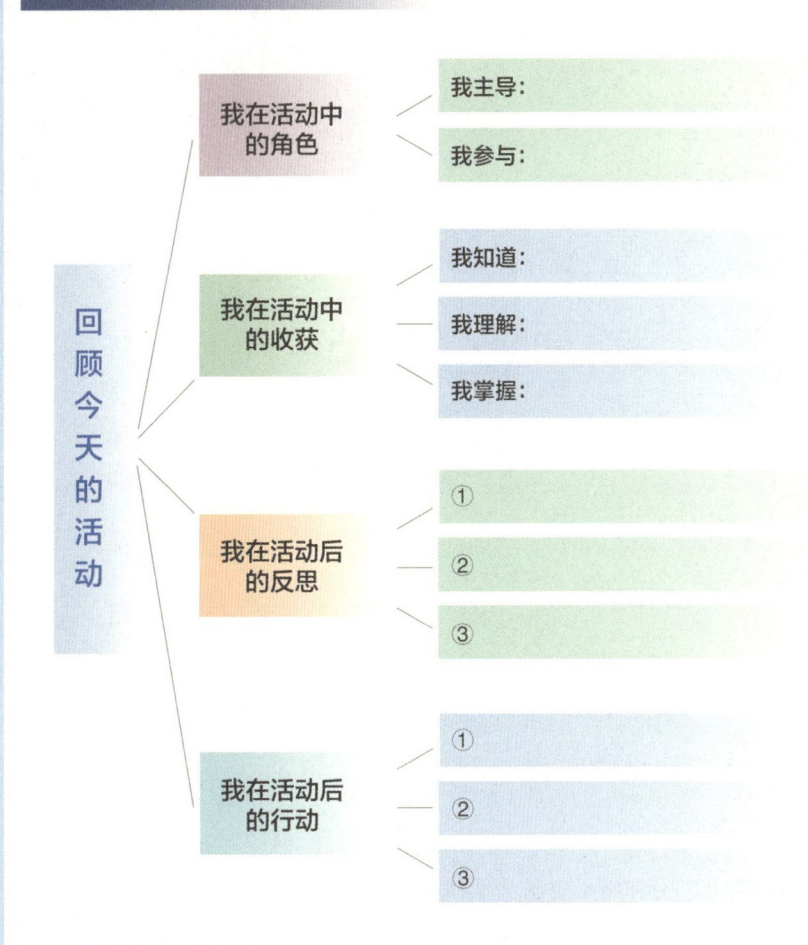

回顾今天的活动
- 我在活动中的角色
  - 我主导：
  - 我参与：
- 我在活动中的收获
  - 我知道：
  - 我理解：
  - 我掌握：
- 我在活动后的反思
  - ①
  - ②
  - ③
- 我在活动后的行动
  - ①
  - ②
  - ③

活动延伸

1. 请每位同学写出"我最喜欢的格言"，并与大家分享此格言对自身言行方面有哪些良好的促进作用。

2. 思考：作为当代青年学生，你认为自己还有哪些方面有待提升？以后怎样做才能成为一个对国家和社会有用的人？

活动 09　走进歇后语

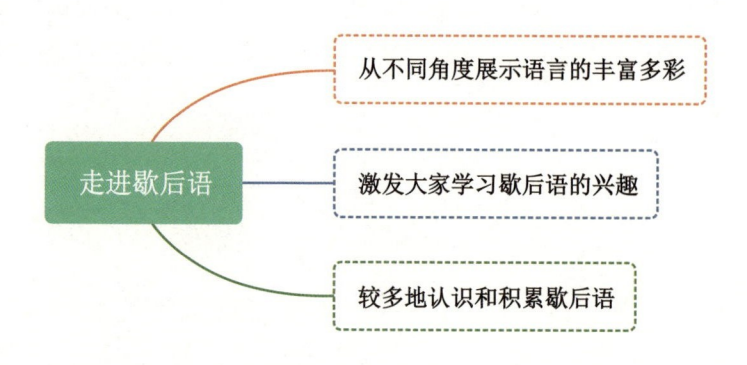

```
                  ┌─ 从不同角度展示语言的丰富多彩
                  │
    走进歇后语 ────┼─ 激发大家学习歇后语的兴趣
                  │
                  └─ 较多地认识和积累歇后语
```

活动目标

1. 积累歇后语，培养积累歇后语的兴趣和习惯。
2. 感受歇后语的特殊魅力，丰富语言，提高表达能力。
3. 能在日常学习、生活中恰当地运用歇后语。

活动探究

❋ 情境导入

　　歇后语是中国传统文化中的瑰宝，闪耀着劳动人民智慧的光芒。歇后语是我国劳动人民在生产生活实践中创造出来的一种特殊的语言形式，凝练简洁，生动有趣，具有鲜明的民族特色和浓郁的生活气息。歇后语的幽默风趣，从不同角度展示了祖国语言的丰富多彩。它读来朗朗上口，细细思索则耐人寻味。积累成语和歇后语，对发展思维、丰富语言、提高表达能力都是大有益处的。

学生思考

1. 歇后语的由来是什么?

2. 歇后语有哪些特点?

3. 歇后语有哪些类别?

知识探究

1. 歇后语的概念

歇后语是由两部分组成的一句话,前一部分像谜面,后一部分像谜底,通常只说前一部分,而本意在后一部分,所以称它为歇后语,有时也称作"俏皮话"。

2. 歇后语的构成及特点

歇后语一般由三部分构成：比喻（引语/谜面）+破折号+比喻揭晓（说明/谜底）。例如，黄鼠狼给鸡拜年（这是谜面）——（破折号）没安好心（这是谜底）。

3. 歇后语的分类

歇后语分为谐音和比喻两类，在这两类中又可以细分为故事类、谐音类、喻事类、喻物类。例如：

故事类：周瑜打黄盖——一个愿打，一个愿挨。

谐音类：小葱拌豆腐——一青（清）二白。

喻事类：擀面杖吹火——一窍不通。

喻物类：黄鼠狼给鸡拜年——没安好心。

像这样的歇后语会有什么样的特征呢？

（1）谜面奇特、形象，激发人的探究心理，谜面一出，悬念出现。谜底则常常意出言外，使听者恍然大悟，绷紧的神经突然在笑声中松弛，谐趣顿生，其幽默和机智跃然而出。

（2）逗趣、俏皮，带有讽刺的意思。

（3）以耳熟能详的历史或小说人物为主角。

（4）喜欢借用动物来做比喻，产生"寓言"的效果。

（5）会随时结合新的事物不断创新。

活动体验

说

说一说自己知道的或平时积累的歇后语。

人文底蕴素养

◆ 想

哪些经典的歇后语对你的学习和生活产生了积极影响?

◆ 写

开拓思维,创作几个具有积极意义的歇后语。

◆ 比

(1)根据班级情况将全体同学分成若干小组,每个小组4~6人。

(2)每个小组根据歇后语的前半部分,"开火车"续上后半部分。如果前面的同学没有答出来,后面的同学可接上。

(3)每组推荐1位同学说歇后语,看哪个组说的歇后语最多。

活动回顾

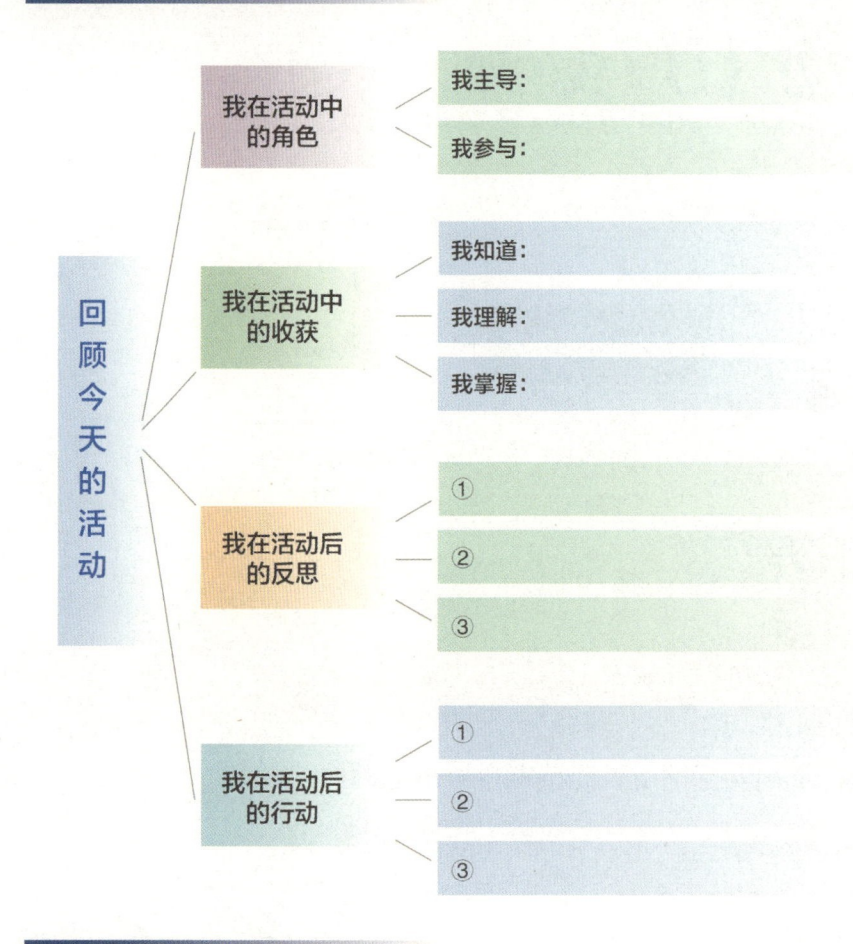

回顾今天的活动
- 我在活动中的角色
  - 我主导：
  - 我参与：
- 我在活动中的收获
  - 我知道：
  - 我理解：
  - 我掌握：
- 我在活动后的反思
  - ①
  - ②
  - ③
- 我在活动后的行动
  - ①
  - ②
  - ③

活动延伸

1. 请大家广泛收集妙趣横生的歇后语，并积极运用于日常学习及生活中。

2. 视频推介：相声《能说会道》。

人文底蕴素养

活动 10 我的路，我选择

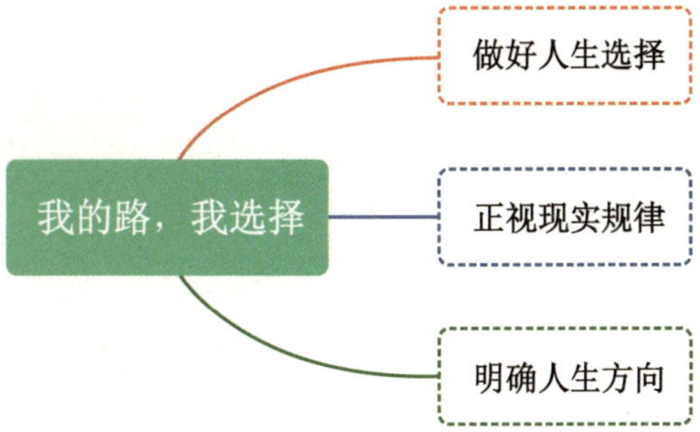

```
                                    ┌─────────────────┐
                              ┌─────┤  做好人生选择     │
                              │     └─────────────────┘
┌──────────────┐             │     ┌─────────────────┐
│  我的路，我选择 ├─────────────┼─────┤  正视现实规律     │
└──────────────┘             │     └─────────────────┘
                              │     ┌─────────────────┐
                              └─────┤  明确人生方向     │
                                    └─────────────────┘
```

活动目标

1. 一切从实际出发，做好人生选择。
2. 正视现实，培养脚踏实地的人生态度。
3. 把握实际情况，明确人生发展方向。

活动探究

❇ 情境导入

在人的一生中，往往要经历无数次的选择。要在挫折、失败或成功中找到一种最符合自己个人特质的方式，过好我们平凡或精彩的一生。只有选择正确时，我们的人生画卷才会更加完美。

◉ 学生思考

1. 你曾经历过哪些重要的选择？

044

2. 面对实际选择时，我们应该如何做出正确的分析和判断？

❋ 知识探究

一切从实际出发，是指人们在任何时候、任何条件下，从事任何工作，都要把客观实际作为出发点、立足点，把客观实际作为我们想问题、办事情的根据。

活动体验

◆ 测

你有多了解自己？

内　容	你的答案
1. 我读书为了什么？	
2. 我想要什么？	
3. 我现在怎样？	
4. 我喜欢现在的专业吗？	
5. 我是否能改变不良习惯？	

◆ 写

（1）写出自己希望将来的第一份工作应该具备的 5 个条件，并排列顺序。

_____、_____、_____、_____、_____

人文底蕴素养

（2）对这些条件进行逐项删除并排序，直至剩下最后的 1 个条件。最后剩下的这个条件，往往是我们心目中最重要的，也是真正需要的条件。最后对这个条件进行分析，判断其是否符合客观实际。

（3）请为自己的人生进行规划。

人生的不同阶段所具有的不同特点、情况和问题：

17 岁：_____
20 岁：_____
25 岁：_____
30 岁：_____
40 岁：_____
50 岁：_____
60 岁：_____
70 岁：_____
80 岁：_____

◆ 想

人生如何做出正确的选择？请写出关键词。

比

（1）根据班级情况将全体同学分成若干小组，每个小组4~6人。

（2）每个小组成员思考以下几个问题：

① 现阶段（今后），你最想做的事情是什么？

② 做这件事情需要具备什么条件？你具备做这件事情的条件吗？

③ 如何才能根据实际情况，实现自己的愿望？

（3）请每个小组派代表来回答问题。

（4）其他同学说出对实现愿望的建议及鼓励。

（5）每位同学将自己的愿望和励志语写在"愿望树"上进行展示。

活动回顾

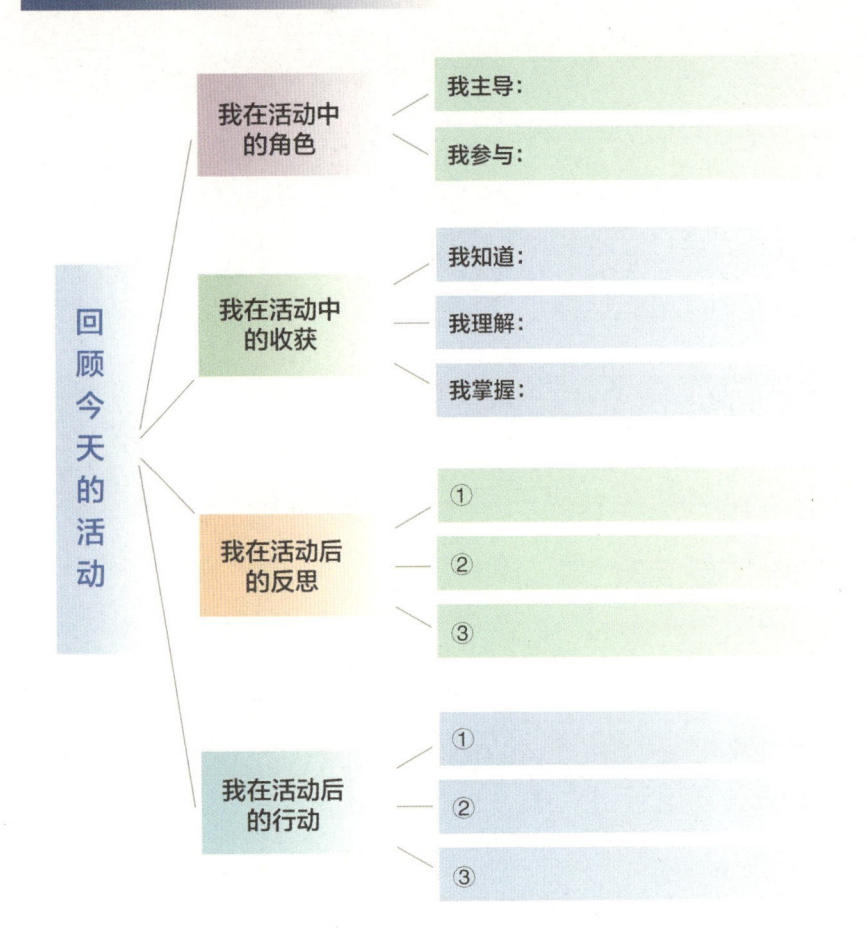

回顾今天的活动
- 我在活动中的角色
  - 我主导：
  - 我参与：
- 我在活动中的收获
  - 我知道：
  - 我理解：
  - 我掌握：
- 我在活动后的反思
  - ①
  - ②
  - ③
- 我在活动后的行动
  - ①
  - ②
  - ③

活动延伸

1. 阅读我国当代作家路遥的小说《平凡的世界》并思考：小说主人公之一的孙少平的命运与其所做的人生选择有着怎样的密切关系？

2. 观看电影《无名之辈》并思考其中的人生哲理。

活动 11　我行动，我成功

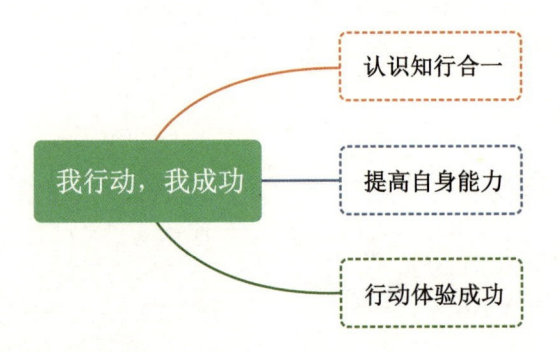

```
我行动，我成功 ── 认识知行合一
              ── 提高自身能力
              ── 行动体验成功
```

活动目标

1. 认识到知行合一的重要性。
2. 在知行合一的过程中，提高自身发展的能力。
3. 在知行合一的过程中，体验成功的充实感。

活动探究

情境导入

"心动不如行动"，成功的取得都是以行动为基础的。如果每天只是想想而不付诸行动，是不可能成功的。只要敢于行动，行动果断，那么便会最终收获成功。

学生思考

1. 你认为什么是人生行动？

人文底蕴素养

2. 我们应该怎样行动才能取得成功?

知识探究

知行：知指知识、知觉、认识；行指行为、行动。

活动体验

测

反思自我。

内　　容	你 的 答 案
1. 今天利用时间进行学习了吗?	
2. 今天上课积极思考问题了吗?	
3. 今天独立完成作业了吗?	
4. 今天班级任务完成了吗?	
5. 今天主动帮助同学了吗?	
6. 今天不懂的问题解决了吗?	
7. 今天的拖延症犯了吗?	
8. 明天准备怎样改变自己呢?	

想

你怎么理解"读万卷书"和"行万里路"?

050

写

1. 将每天面对的事情分为 4 类，请根据轻重缓急优先排序。

A. 紧迫但不重要的事

B. 重要但不紧迫的事

C. 不紧迫也不重要的事

D. 重要且紧迫的事

_____、_____、_____、_____

2. 请写出达到成功的 5 个条件。

（1）_____

（2）_____

（3）_____

（4）_____

（5）_____

3. 开展以"我行动，我成功"为主题的征文活动。

（1）题目自拟，体裁不限，字数 700 左右。

（2）主题鲜明，内容积极向上。

（3）结合本专业实际，用自己的话，表达自己的真情实感。

说

（1）根据班级情况将全体同学分成若干小组，每个小组 4～6 人。

（2）每个小组同学说出自己本学期的目标及计划，并说出自己实现目标存在的困难，其他同学说出对实现目标的建议及鼓励。

（3）每位同学将自己的目标和励志语写在"目标树"上进行展示。

人文底蕴素养

活动回顾

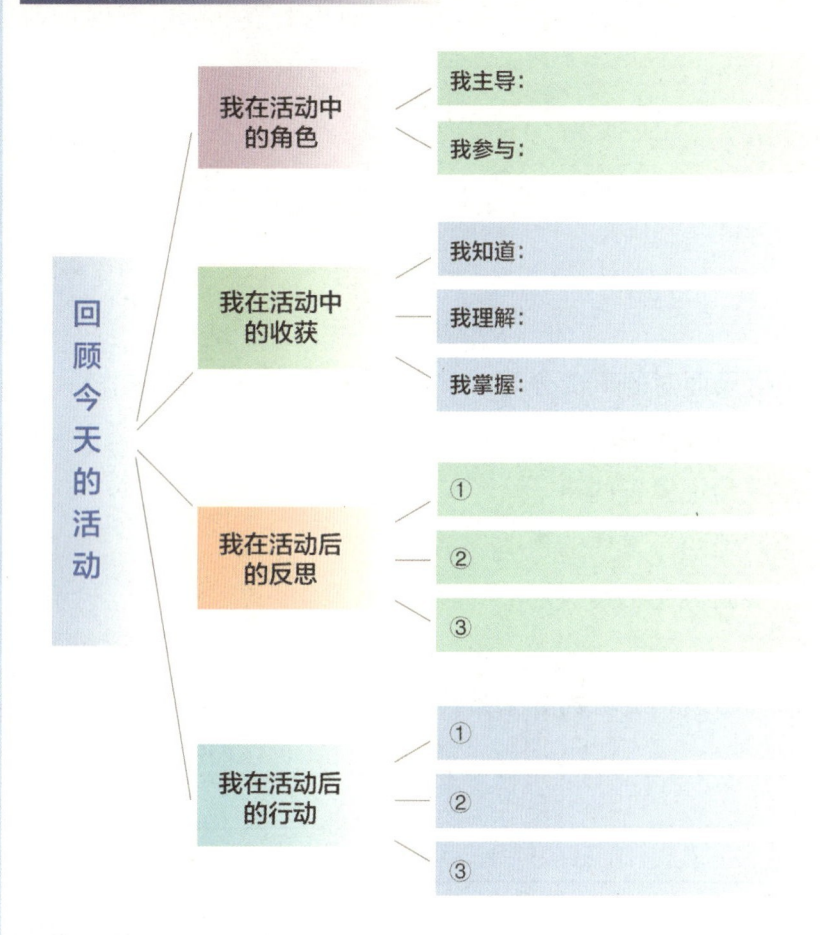

回顾今天的活动
- 我在活动中的角色
  - 我主导：
  - 我参与：
- 我在活动中的收获
  - 我知道：
  - 我理解：
  - 我掌握：
- 我在活动后的反思
  - ①
  - ②
  - ③
- 我在活动后的行动
  - ①
  - ②
  - ③

活动延伸

1. 聆听歌曲《阳光总在风雨后》，领悟含泪播种的人一定能含笑收获成功，并思考：自己今天行动了吗？该做的事情都做完了吗？

2. 阅读有关袁隆平院士为理想不断奋斗，并最终成为"世界杂交水稻之父"的故事。从袁隆平院士的故事，你感悟到了什么？

活动 12　我自信，我自强

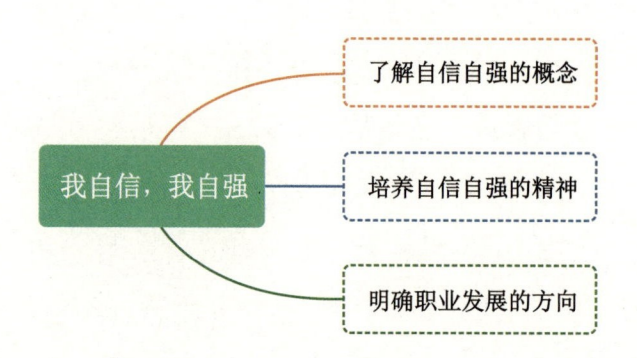

```
                  ┌─ 了解自信自强的概念
我自信，我自强 ────┼─ 培养自信自强的精神
                  └─ 明确职业发展的方向
```

活动目标

1. 了解自信、自强的概念。
2. 激发自信自强的热情，主动培养自信自强的精神。
3. 把握客观规律，明确人生发展方向，做一个自强不息的人。

活动探究

情境导入

在遇到挫折和困难时，自信的人才能奋发向上、自强不息，征服失败。一个人只有内心充满自信，努力地朝着自己的梦想不断前行，才可能获得成功。

学生思考

1. 自信的人有哪些表现？

人文底蕴素养

2. 怎么让自己成为自信的人？

知识探究

自信：是发自内心的自我肯定与相信。自信本身就是一种积极性，自信就是在自我评价上的积极态度。

自强：意味着自力更生、奋发图强，意味着在困难面前知难而进、顽强拼搏。

活动体验

想

你是否自信？
（1）你认为自己长得帅（漂亮）吗？
（2）你认为自己是班级中优秀的一员吗？
（3）遇到困难和挫折，你认为自己能把事情做好吗？
（4）你认为自己的梦想能实现吗？
（5）你认为自己的事情自己能够完成吗？

✦ 写

1. 你知道哪些古今中外名人自信的故事？请列举5例。
（1）_____
（2）_____
（3）_____
（4）_____
（5）_____

2. 请列举出5句关于"自强"的名言。
（1）_____
（2）_____
（3）_____
（4）_____
（5）_____

✦ 说

（1）根据班级情况将全体同学分成若干小组，每个小组4～6人。

（2）请每个小组同学在纸张正面概括自己的5个优点，在纸张背面概括一位同学的5个优点，并大声地说出来。

（3）每组派代表通过演示文稿展示和讲解自信自强的方法。

✦ 写

制定"我能行！"职业规划表。

人文底蕴素养

活动回顾

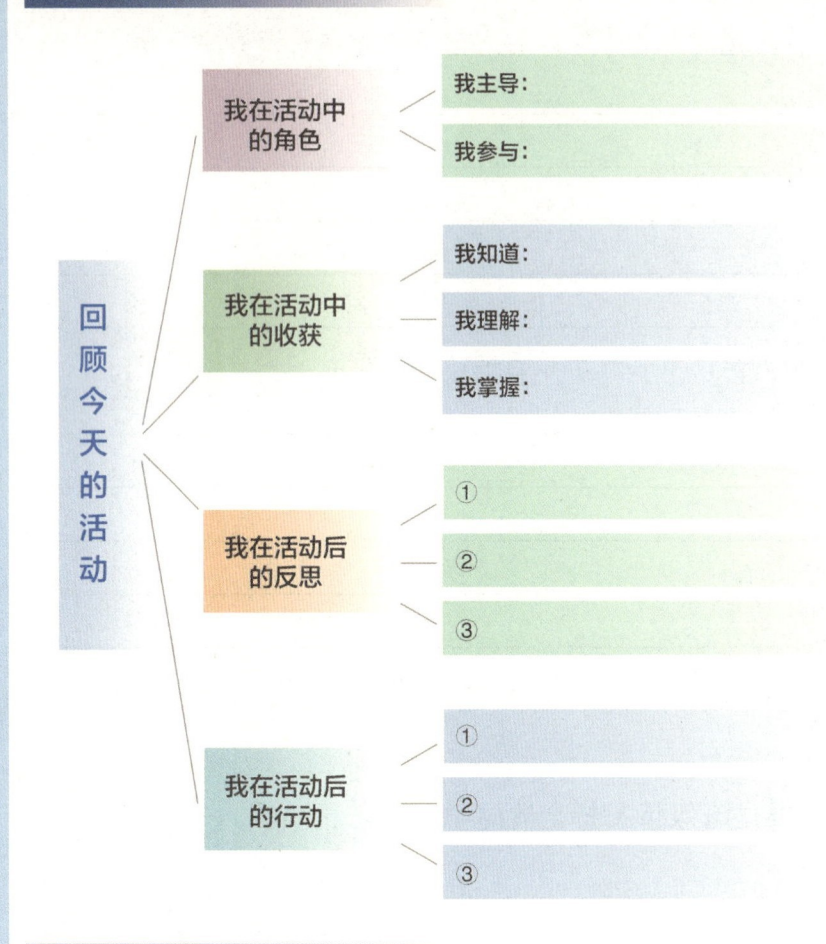

```
回顾今天的活动
├─ 我在活动中的角色
│    ├─ 我主导：
│    └─ 我参与：
├─ 我在活动中的收获
│    ├─ 我知道：
│    ├─ 我理解：
│    └─ 我掌握：
├─ 我在活动后的反思
│    ├─ ①
│    ├─ ②
│    └─ ③
└─ 我在活动后的行动
     ├─ ①
     ├─ ②
     └─ ③
```

活动延伸

1. 阅读奥斯特洛夫斯基的《钢铁是怎样炼成的》，并谈谈你的人生感悟。

2. 聆听歌曲《相信自己》，并感受歌词的意蕴。

活动 13　实践出真理

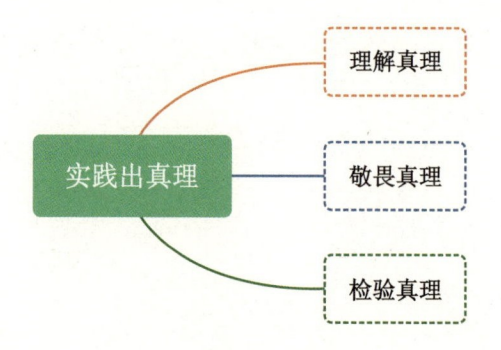

```
                    ┌── 理解真理
                    │
        实践出真理 ──┼── 敬畏真理
                    │
                    └── 检验真理
```

活动目标

1. 理解真理最基本的属性是客观性。
2. 培养对真理的敬畏之心。
3. 践行"实践是检验真理的唯一标准"。

活动探究

❈ 情境导入

　　关于万有引力的发现，我们一定都听过这样的故事：牛顿看见树上的苹果落地，反复思考，于是就有了万有引力定律。实际上，万有引力定律在牛顿之前就已经萌芽。1619 年，天文学家开普勒发现了行星第三运动定律，指出支配行星环绕太阳作椭圆轨道运动的力来自太阳，且这个力随着距离的增加而减少。他还认为太阳和行星之间也有引力。1659 年，荷兰物理学家惠更斯也提出了万有引力概念。1674 年，英国科学家罗伯特·胡克就天体之间的引力著文提出过三条假设，几乎是定性描述万有引力定律。直到 1687 年，牛顿才在《自然哲学的数学原理》一书中论证这一观点。牛顿发现并最

人文底蕴素养

终论证出万有引力定律的存在,其实是数位科学家共同努力的结果。所以,牛顿在离世前说:"如果说我比前人看得远一点,那是因为我站在巨人的肩上。"

🔵 学生思考

通过万有引力定律的发现过程,你有什么启发?

✳️ 知识探究

真理是客观的。人的认识都是对客观事物的反映,其中与客观对象相符合的认识就是真理。真理最基本的属性就是客观性。

由于人们的立场、观点和方法不同,每个人的知识结构、认识能力和认识水平不同,对同一个确定的对象会产生多种不同的认识,但是,其中只能有一种正确的认识,即只能有一个真理。

活动体验

材料1

公元前210年,秦始皇病死,担任中车府令(掌管皇帝车马)的宦官赵高,不愿让秦始皇的大儿子扶苏继承皇位,而想让秦始皇的小儿子胡亥当皇帝。便和胡亥串通一气,并且威胁丞相李斯,对于秦始皇的死讯严守机密,秘不发丧,伪造诏书,赐死扶苏,立胡亥为太子。然后,才宣布秦始皇已经死去,由太子胡亥继承皇位,称为秦二世。

赵高为胡亥立了大功,被封为郎中令,成为秦二世最亲近的高官,但他的职位仍在丞相李斯之下,于是又设计害死李斯,当了丞相。虽然至此,赵高并不满足,而是打算篡位自己当皇帝。他又担心文武百官不服,于是想了一个花招,先做一次"实验"。

一天,赵高趁群臣朝拜秦二世时,让人牵来一只鹿献给秦二世,说:"这是一匹千里马,我特意敬献给陛下。"

秦二世左看右看,这明明是一只鹿,赵高怎么说是马呢?便笑着说:"丞相弄错了吧?这是一只鹿,怎么说是马呢?"

赵高没有理会胡亥的话,一本正经地厉声问左右的大臣们:"你们说说,这到底是鹿还是马?"

大臣们有的惧怕赵高的权势,不敢作声;有的为了讨好赵高,就阿奉承地说:"丞相说得对,这肯定是马,前些年我还养过这样的马呢!"也有的大臣不愿违背自己的良心,直言不讳地说:"是鹿,不是马!"

材料2

明代文学家冯梦龙曾在《警世通言》中讲述了一个苏轼的故事,很耐人寻味。

某一天,苏轼拜访王安石。碰巧王安石在午睡,苏轼便在书房等候。正感无聊之际,他瞥见书桌上那首未写完的《咏菊》诗。诗句写道:"昨夜西风过园林,吹落黄花满地金。"苏轼觉得甚为可笑。因为苏轼认为菊花开在深秋,可以持久绽放,即使是花朵枯死也并不落瓣,所以王安石所说"吹落黄花满地金"是不对的。自己仰慕的前辈居然犯了这样的错误,苏轼有些得意。于是一时技痒,提笔续道:"秋花不比春花落,说与诗人仔细吟。"后来,苏轼被贬到黄州做团练副使。秋天到了,他发现萧瑟的秋风过后,遍地铺满了金菊花片。苏轼才恍然大悟:虽同是菊花,也有落瓣与不落瓣的区分。于是,苏轼对自己当年无礼的行为感到万分羞愧。

材料3

俄国著名化学家门捷列夫在编写著作《化学原理》时,遇到一个难题,就是用一种怎样的合乎逻辑的方式来组织当时已知的63种元素。他仔细研究了这些元素的物理性质和化学性质,将它们的名称及其原子量、氧化物、物理性质、化学性质等分别写在一些小卡片上。他用不同的方法去摆那些卡片,用以进行元素分类的试验。

人文底蕴素养

　　1869年的一天，门捷列夫仍然在对着这些卡片苦苦思索。他先把常见的元素族按照原子量递增的顺序拼在一起，之后是那些不常见的元素，最后只剩下稀土元素没有全部"入座"。在从头至尾看一遍排出的"牌阵"后，门捷列夫惊喜地发现：所有的已知元素都已按原子量递增的顺序排列起来，并且相似元素按一定的间隔出现。第二天，门捷列夫将所得出的结果制成一张表，这就是人类历史上第一张化学元素周期表。在这个表中，周期是横行，族是纵行。他还大胆地为尚待发现的元素留出了位置，并且在其关于周期表的发现的论文中指出：按着原子量由小到大的顺序排列各种元素，在原子量跳跃过大的地方会有新元素被发现，因此周期律可以预言尚待发现的元素。消息一出，他受到了很大的质疑，有的科学家甚至指责他狂妄地臆造一些根本不存在的元素。

　　但不久，科学家们发现的新元素和门捷列夫的预言完全一致。由此，化学元素周期表得到了认可。

◆ 说

根据材料1，说一说它告诉我们的道理是什么。

◆ 说

根据材料2，从苏轼的故事中，你看出人类认识真理的过程有何特点？

说

根据材料3，说一说证明真理正确性的方法是什么。

活动回顾

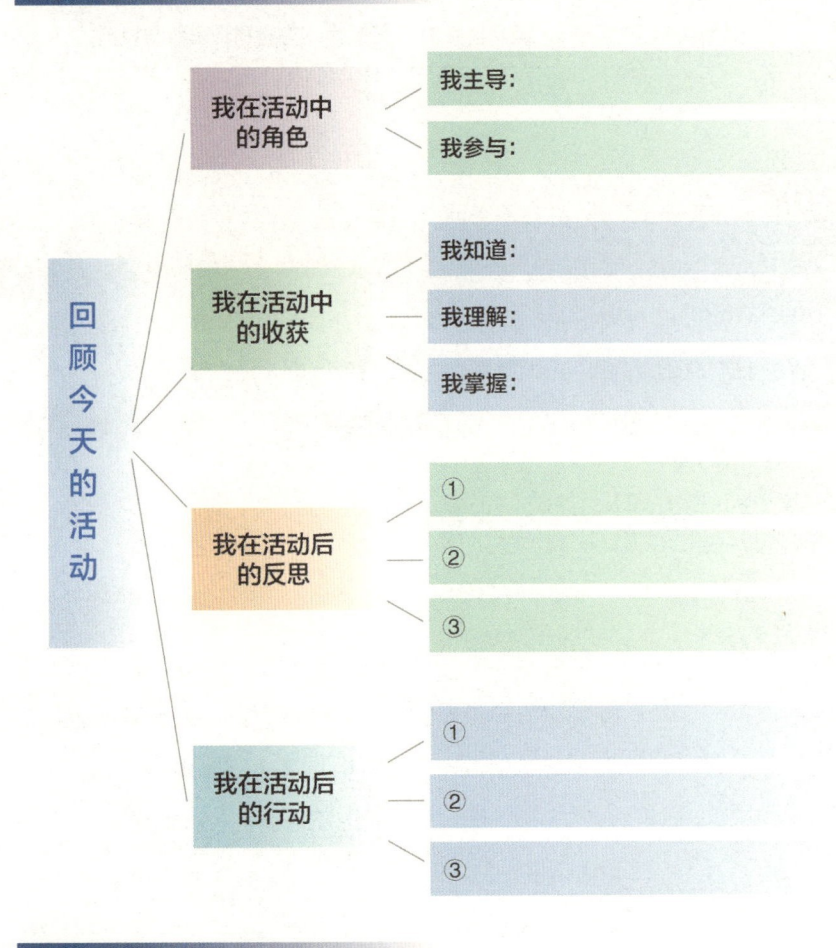

回顾今天的活动
- 我在活动中的角色
  - 我主导：
  - 我参与：
- 我在活动中的收获
  - 我知道：
  - 我理解：
  - 我掌握：
- 我在活动后的反思
  - ①
  - ②
  - ③
- 我在活动后的行动
  - ①
  - ②
  - ③

活动延伸

1. 观看视频《胡福明：〈实践是检验真理的唯一标准〉创作始末》。
2. 写出对"实践是检验真理的唯一标准"的个人认识。

活动 13

061

活动 14　真知谨为先

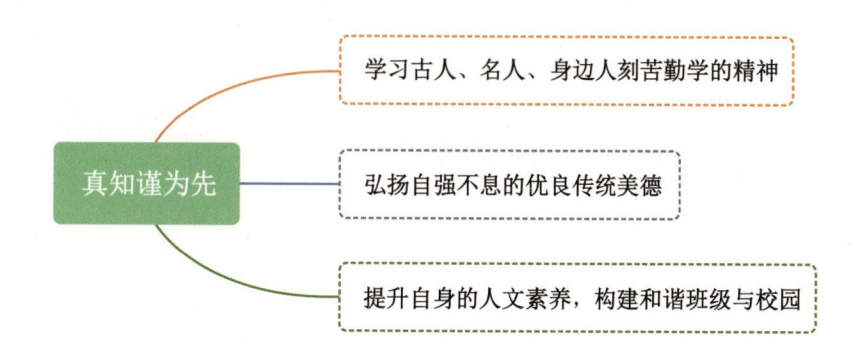

```
                ┌─ 学习古人、名人、身边人刻苦勤学的精神
                │
    真知谨为先 ──┼─ 弘扬自强不息的优良传统美德
                │
                └─ 提升自身的人文素养，构建和谐班级与校园
```

活动目标

1. 理解真理是具体的、有条件的。
2. 明晰追求真理是一个曲折的、不断发展的过程。
3. 学会辨别真理的正确性，避免谬误出现。

活动探究

情境导入

古希腊数学家芝诺认为：只要让乌龟先爬一段距离，就算是全希腊跑得最快的阿基里斯也永远追不上乌龟。因为他要追上乌龟，首先就要到达乌龟所爬行的出发点，这时乌龟已经向前爬行了一段；当阿基里斯跑到乌龟的第一个出发点时，乌龟又向前爬行了一小段……以至无穷。阿基里斯只能无限靠近乌龟，但永远追不上乌龟。

学生思考

1. 你认为芝诺的观点对吗？为什么？

2. 芝诺的说法似乎有一定的道理，但为什么成了悖论？

3. 通过这个例子，你能看出什么情况下真理会变成谬误吗？

✦ 知识探究

真理都是有条件的。任何真理都有自己适用的条件和范围，如果超出了这个条件和范围，只要再多走一小步，哪怕是向相同方向迈出的一小步，真理就会变成谬误。

真理都是具体的。任何真理都是相对于特定的过程来说的。如果不顾过程的推移，不随历史条件的变化而丰富、发展和完善真理，只是照搬过去的认识，或者超越历史条件，把适用于一定条件下的科学认识不切实际地运用于另一条件中，真理就会转化为谬误。

活动体验

材料 1

佛教有一个知名的典故：印宗法师讲涅槃经时，下边有两个僧人，看到讲堂外风吹幡动，一个说是风在动，一个说是幡在动。争论了很久没有结果，此时在座下听经的慧能大师开口说：不是风在动，也不是幡在动，是二位的心在动。

材料 2

1978—2012 年，中国经济总量高歌猛进，在我国经济高速发展的同时，环境问题开始凸显。我国二氧化硫排放量、烟尘排放量、工业粉尘的排放量逐年上升。大气污染成为当时中国第一大环境问题。与此同时，水污染问题、垃圾处理问题、土地荒漠化和沙灾问题、水土流失问题等也影响着人民的生活。

2005 年，时任浙江省委书记的习近平同志考察浙江湖州时提出"绿水青山就是金山银山"的论断。2017 年，针对大气污染防治，国家相继出台了《城市环境空气质量变化程度排名方案》《火电厂污染防治技术政策》《高污染燃料目录》《"十三五"挥发性有机物污染防治工作方案》《排污单位自行监测技术指南 总则》等环境保护标准。针对黑臭水体治理，国家出台了"水十条"和"河长制"，解决水污染问题，实现水环境、水安全、水生态。

说

阅读材料 1 后说一说：谁的说法是正确的？你有何启发？

活动回眸

图读材料2后谈一谈：如何提高草原承载能力？

活动延伸

回顾分析我的资源

- 我生活中的角色
  - 我主导：
  - 我参与：

- 我生活中的收获
  - 我知道：
  - 我理解：
  - 我掌握：

- 我生活中的启示
  - ①
  - ②
  - ③

- 我生活中的行动
  - ①
  - ②
  - ③

1. 阅读视频《探测器登陆火星，到底有多难？》。
2. 写下你对探索真理的认识。

人文底蕴素养

活动 15　勉行勤求索

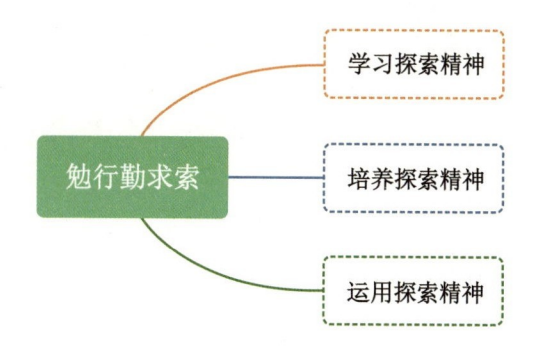

```
勉行勤求索 ── 学习探索精神
           ── 培养探索精神
           ── 运用探索精神
```

活动目标

1. 学习前人的探索精神。
2. 培养自己的探索精神。
3. 将探索精神运用在学习和生活中。

活动探究

情境导入

经典电影《东邪西毒》中有这样一句台词："看见一座山，就想知道山后面是什么。"你是不是也有过类似的感受，曾经想去探索一些未知的领域呢？其实，人类正是保持着这份探索之心，才遇到更大的世界，了解更好的自己。这世界上的山川河流，大自然中的花鸟虫鱼，甚至包括我们人类自己，都具有这样的魔力，召唤着我们去观察、去体验、去探索、去表达。

学生思考

1. 你知道哪些古今中外勇于探索的人和事？

2. 要成为一个有探索精神的人，需要具备哪些条件？

3. 探索精神可以用于我们生活中的哪些事情上？

✳ 知识探究

探索是指研究未知事物的精神，或指对事物进行搜查的行为，或指多方寻求答案的过程。

活动体验

材料1

18世纪中叶，奥地利维也纳有一名叫盎布鲁格的医生。有一次，他给一位病人诊治。这个病人胸痛、气急、发烧，可始终查不出症结所在。很快，病人就离世了。经过解剖尸体才发现病人的胸腔内挤满了脓水。盎布鲁格问自己，以后再遇到这种情况该怎么办？他忽然想起父亲在经营酒业时，常用手指关节叩击木质酒桶的情景：听见声音，就能估计出木桶中酒的容量。"人的胸腔不是也长得像酒桶吗？可不可以根据手叩击病人胸部的声响来做出诊断呢？"于是他反复观察病例和进行病理解剖，探索胸部疾病和叩击声音之间的关系，写出名为《用叩诊人体胸部发现胸腔内部疾病的新方法》的医学论文，并发明了"叩诊"这种诊断方法，给医学界提供了新的诊断方法。

材料 2

袁隆平是中国家喻户晓的科学家。以他为代表的农业科技工作者通过长期研究和探索，成功解决了中国十几亿人口的吃饭问题。有人问袁隆平，成功的秘诀是什么？他回答说："书本知识很重要，电脑技术也很重要，但书本上种不出水稻，电脑上也种不出水稻，只有在试验田里面才能够长出我所希望的水稻来。"

材料 3

阿基米德一生都在不停探索之中，即便是当他已功成名就时，仍然不停地验算，质疑自己的探索成果。他的学生问他："老师您已经知道得比我们多得多了，为什么还要不停地探索与追求呢？"阿基米德随手画了一个大圆，一个小圆，说："这个大圆就是我的知识范围，而小圆则是你们的知识范围，大圆的面积比小圆要大，所以我知道得比你们要多。但在这两个圆的外围部分，就是我们所未知的部分，而大圆的弧长比小圆要长，所以我所接触到的未知领域也比你们多，这就是我常常怀疑自己的原因。"

◆ 说

阅读材料 1 后说一说：盎布鲁格的探索精神表现在哪些方面？

想

阅读材料 2 和材料 3 后想一想：要成为一个拥有探索精神的人，需要具备什么条件？

活动回顾

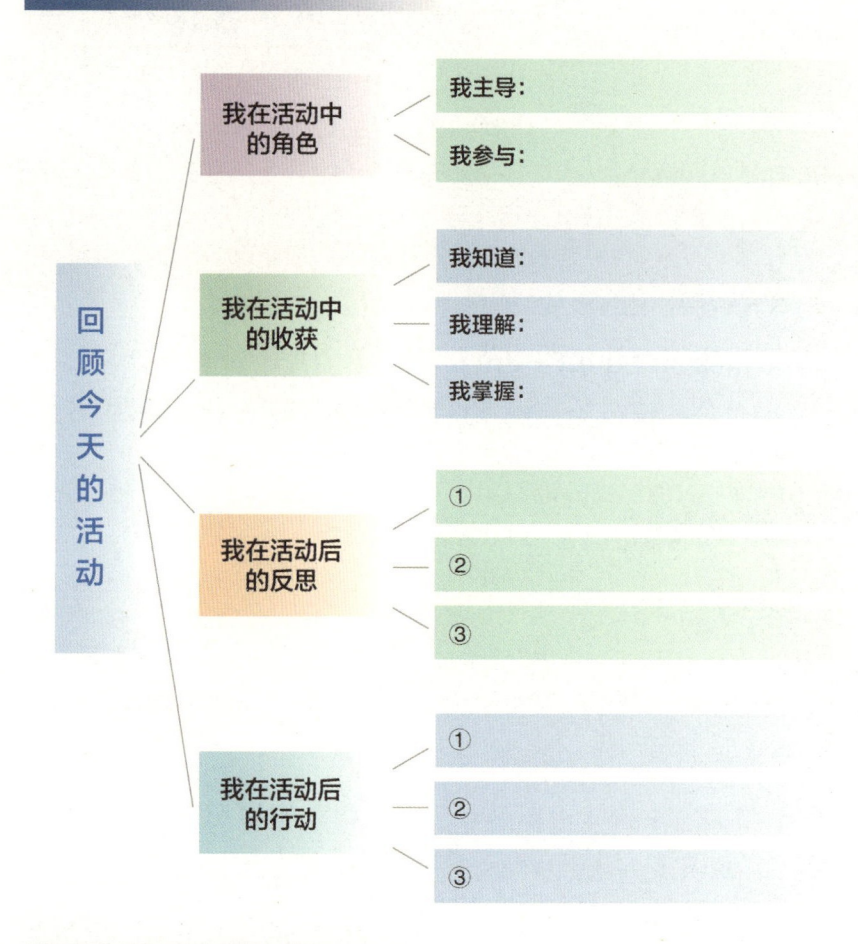

回顾今天的活动
- 我在活动中的角色
  - 我主导：
  - 我参与：
- 我在活动中的收获
  - 我知道：
  - 我理解：
  - 我掌握：
- 我在活动后的反思
  - ①
  - ②
  - ③
- 我在活动后的行动
  - ①
  - ②
  - ③

活动延伸

1. 观看视频《求知探索——吴及》。
2. 写下你对探索精神的认识。

活动 15

活动 16　仪容礼仪，让我们青春靓丽

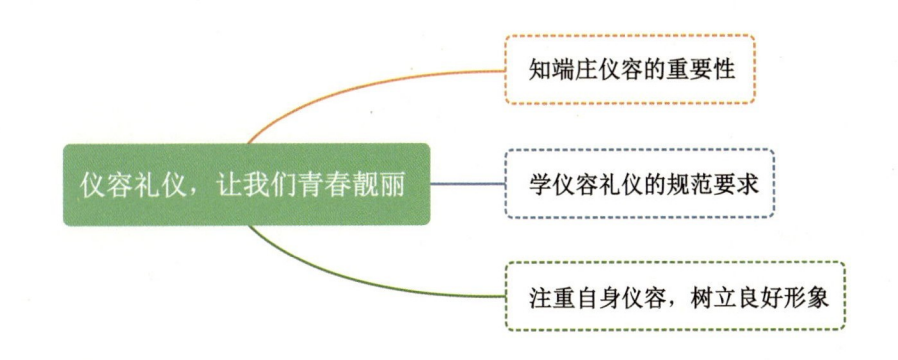

- 知端庄仪容的重要性
- 学仪容礼仪的规范要求
- 注重自身仪容，树立良好形象

活动目标

1. 了解仪容礼仪的重要性。
2. 掌握常用仪容礼仪的规范要求。
3. 注重自身的仪容美，树立良好的职业形象。

活动探究

情境导入

　　一位空姐每次飞行前，都会将制服认真熨烫，让上面没有一丝褶皱。丝巾洗净后趁着湿润会熨出喜欢的样子，方便工作时系花。皮鞋会早早打上固体鞋油，在临出门时再用纱布抛光。衬衣无论穿着飞行两个小时或是一天，都会清洗干净并用衣物柔顺剂浸泡。飞行皮箱会在每次飞行结束后仔细擦拭，因为穿梭在候机楼时皮箱外表也代表着职业形象。

活动 16

学生思考

1. 这位乘务员的做法对你有什么启示?

2. 仪容礼仪仅仅是化个妆、穿件漂亮衣服就可以了吗?

3. 生活中我们该从哪些方面来改善自身的仪容礼仪呢?

知识探究

一位美国心理学家和传播学家提出了"55387"定律,认为人际交往 7 秒钟的第一印象 55% 来自外表、穿着、打扮等，38% 来自仪态、肢体语言等，7% 来自谈话具体内容。

仪容就是仪表容貌。通常包括发式、容貌、服饰、配饰等。仪容要求自然美、修饰美、内在美，三个方面的高度统一才是真正意义上的仪容美。

着装的 TPO 原则，认为着装要考虑时间"Time"、地点"Place"、场合"Occasion"三大因素，力求着装与时间、地点、场合协调一致。

活动体验

辩

全班分为 4 个讨论小组，就以下论题展开辩论：

（1）香水可以涂抹在身体的哪些部位？为什么？

（2）如果有汗臭，是否可以用香水掩盖其气味？

（3）男士到底能不能化妆？

（4）化妆有什么禁忌吗？

（5）男士发型的"三不"要求是什么？

（6）学生的日常仪容仪表规范要求有哪些？

写

西服系扣习惯。

西 服 类 型		系 扣 习 惯
单排扣	三粒扣	
	两粒扣	
双排扣		

（1）男士穿西服就座时，纽扣该怎么办？为什么？

（2）男士穿西服起身站立时，纽扣该怎么办？为什么？

测

	评价项目	优	良	合格	不合格
发式	干净整洁				
	不烫、染头发，不披头散发				
	长短合理，发型合适				
着装	不穿奇装异服，不穿拖鞋，符合身份				
	干净整洁				
	不佩戴不适宜的饰物				
	不留长指甲，不涂指甲油				

人文底蕴素养

活动回顾

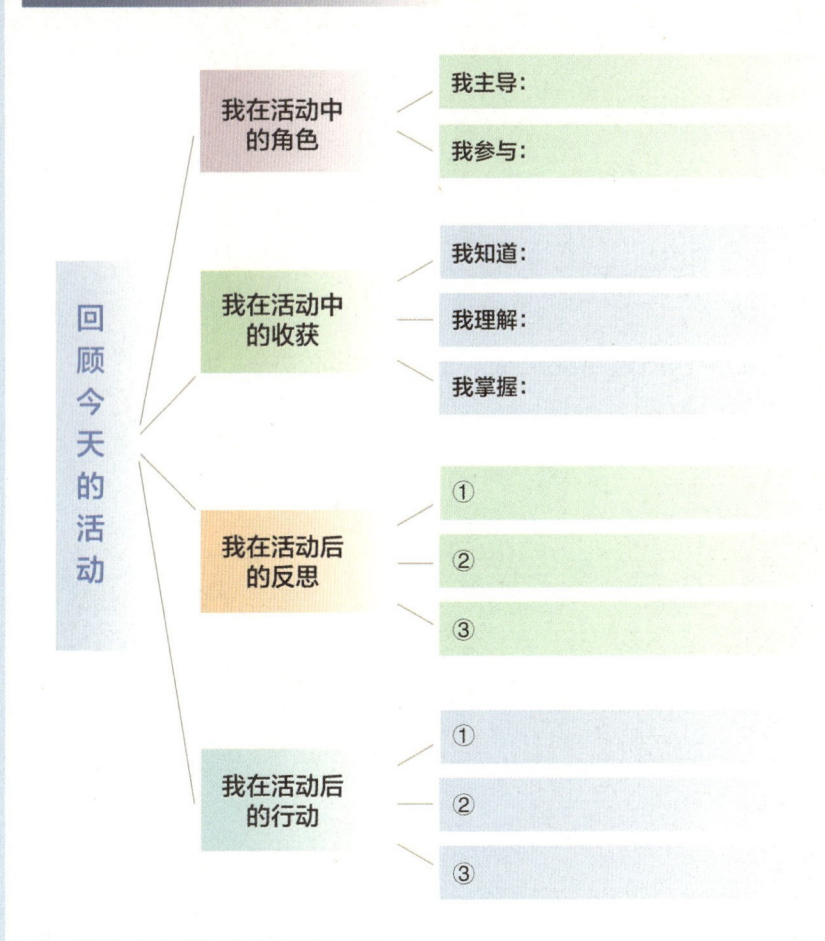

回顾今天的活动
- 我在活动中的角色
  - 我主导：
  - 我参与：
- 我在活动中的收获
  - 我知道：
  - 我理解：
  - 我掌握：
- 我在活动后的反思
  - ①
  - ②
  - ③
- 我在活动后的行动
  - ①
  - ②
  - ③

活动延伸

盘发比赛：

假设小芳明天有一场重要的面试，请为其盘个优雅又显气质的发型。

比赛规则：

（1）比赛时间为 15 分钟。

（2）参赛人员自行找好搭档做模特。

（3）梳子、头绳、头花等盘发工具由班委统一准备。

（4）盘好的发型应显优雅气质且适用于面试场景。

活动17　仪态礼仪，让我们优雅绅士

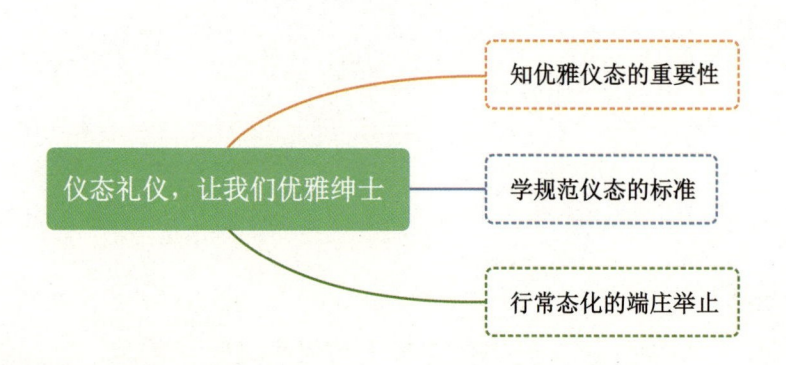

仪态礼仪，让我们优雅绅士
- 知优雅仪态的重要性
- 学规范仪态的标准
- 行常态化的端庄举止

活动目标

1. 了解仪态礼仪的意义。
2. 掌握常用仪态礼仪的规范要求。
3. 增强注重仪态礼仪的自觉意识，将仪态礼仪规范转变为良好的生活习惯。

活动探究

情境导入

我国传统社会礼仪秩序井然，对坐姿有很大讲究。据西汉《韩诗外传》记载，"孟子妻独居，踞。孟子入户视之，向其母曰：'妇无礼，请去之。'母曰：'何也？'曰：'踞。'"

"踞"也叫"踞坐"，就是古人席地而坐，伸开双腿，如簸箕状。孟子因妻子"踞坐"，仪态不雅而要求休妻。古时不仅要求女子"坐有坐相"，对男子亦是如此，如果男子"踞坐"，依然是大不敬。可见古人对人的举止行为要求严格。

现代社会虽不提倡如孟子这般严苛，但基本的仪态礼仪依然非常重要。

人文底蕴素养

学生思考

1. "孟子欲休妻"的故事告诉你什么道理？

2. 生活中注重自己的仪态举止有何意义？

3. 行、走、站、立、举手投足都有哪些规范标准？

知识探究

仪态，即仪表、姿态，通常是指人在行为中的姿势和动作，包括站姿、坐姿、走姿、蹲姿、各种手势等。

1. 站姿

站姿是坐姿、走姿的基础，是仪态的核心。正确站姿的基本要求是头正、梗颈、肩平、挺胸、收腹、提臀、腿直、平视、微笑。正确站姿的动作要领有两点：一是身体重心主要支撑于脚掌、脚弓上；二是从侧面看，头部、肩部、臀部、脚跟在一条垂直线上。

2. 坐姿

（1）入座时，长者、尊者优先，左入左出，背对座椅，右腿后退，小腿确定位置，上身正直，目视前方，动作轻而稳，不发出声音，女性用双手拢裙。

（2）坐下时，头部端正，躯干直立，坐椅子的 2/3，双手自然搭放。

（3）离座前，与人示意，按长者、尊者优先的原则起立，从椅子的左侧离开。

3. 走姿

走姿的基本要领是抬头，下颌微收，肩膀端平，挺胸收腹，上身直立，手臂以肩关节为轴前后自然摆动约 30°，手指自然弯曲，身体重心稍向前倾。女性行走时两脚内侧在一条直线上，双膝内侧相碰；男性行走时两脚的内侧应在两条直线上，步幅适中，步速平稳。

图 17-1　站姿

图 17-2　坐姿

图 17-3　走姿

活动体验

◆ 猜

请两位同学参与活动，一位同学根据提示板的内容比画动作，另一位同学猜文字，比画者只能用肢体动作表达，提示板的内容与错误的姿态相关。

人文底蕴素养

◆ 演

1. 升国旗、奏国歌时，应该展示怎样的仪态？

2. 节目主持人都很关注自己的姿态。请一位同学模仿主持人，另一位同学模仿嘉宾，演示采访过程中的仪态举止。

3. 若你身着西服或套裙前往面试，人力资源部经理邀请你入座，从进入面试室到离开面试室，你应该怎样展示你的仪态举止才能在人力资源部经理面前不失礼？

◆ 比

俗话说"坐有坐相，站有站相"，怎样使自己的仪态更自然、得体、优雅呢？邀请5位男同学和5位女同学分别进行仪态礼仪评比展示。

活动回顾

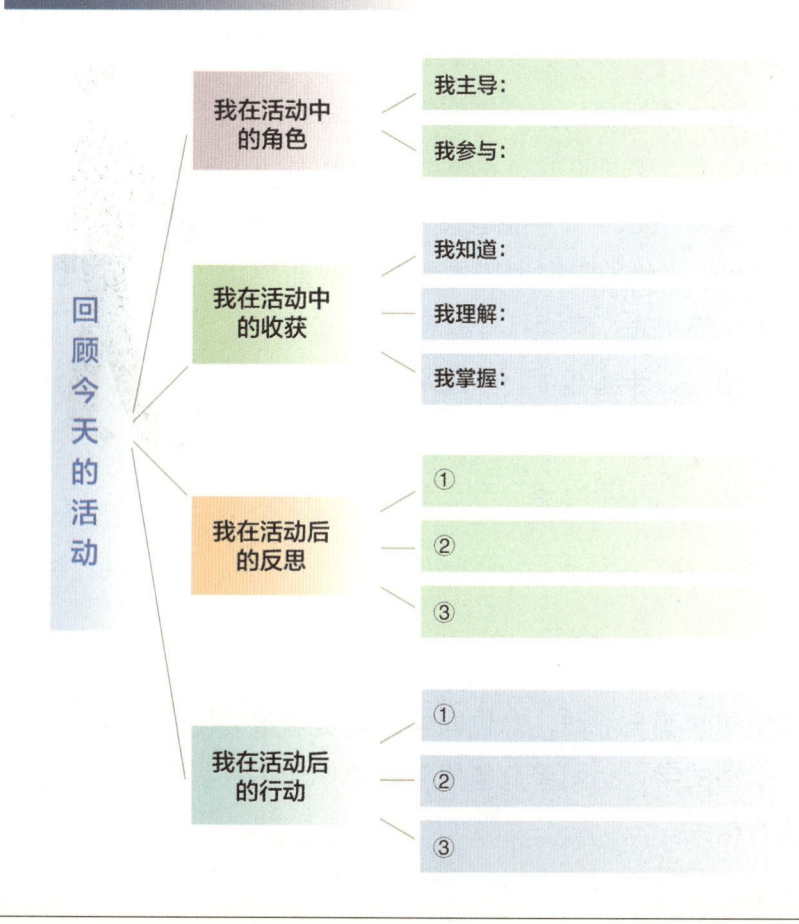

回顾今天的活动
- 我在活动中的角色
  - 我主导：
  - 我参与：
- 我在活动中的收获
  - 我知道：
  - 我理解：
  - 我掌握：
- 我在活动后的反思
  - ①
  - ②
  - ③
- 我在活动后的行动
  - ①
  - ②
  - ③

活动延伸

演

1. 背靠背站立训练

两人一组，要求两人后脚跟、小腿、臀、双肩、脑后相互紧贴。

2. 顶书训练

在头顶上平放一本书，保持书的平衡，以检测是否做到头正、颈直。

3. 背靠墙练习

要求头、背、臀均紧挨着墙壁。

人文底蕴素养

活动 18　称呼礼仪，让我们知书达理

称呼礼仪，让我们知书达理
- 知称呼礼仪的重要性
- 学称呼礼仪的规范要求
- 恰当称呼，建立良好社交形象

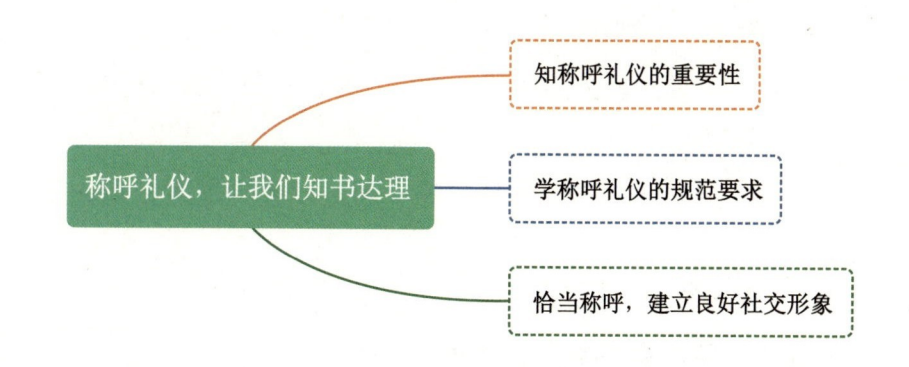

活动目标

1. 了解称谓礼仪的重要性。
2. 掌握传统称谓的一般原则。
3. 在日常交际中能根据不同场合和对象，恰当地称呼他人，建立良好的社交形象。

活动探究

🌼 情境导入

一位演说家应邀到一所监狱向犯人讲话，遇到了一个难题，那就是怎么称呼的问题，如果叫"同志们"吧，好像不大合适；叫"罪犯们"吧，好像会伤害到对方的自尊。经过考虑，在称呼他们时，用的是"触犯了国家法律的年轻的朋友们"，这句称呼一出来，全体罪犯热烈鼓掌，有人还当场落下了热泪。

🎯 学生思考

1. 这个案例涉及哪种礼仪行为？

2. 针对上述案例，谈谈你的看法。

3. 当你在一个陌生城市找不到路时，你该怎么向陌生人问路？

✳ 知识探究

　　古人有多种多样的称谓，不同的身份、不同的场合、不同的情况下使用不同的称谓。通常用"道德高尚"的说法称呼对方，叫敬称。用"道德不高尚"或"不聪明"的说法来称呼自己，叫谦称。

　　在现代日常交往中，人们所采用的彼此之间的称谓语，叫称呼。称呼礼仪有姓名称谓、亲属称谓、职务称谓、性别称谓等四个大类。

　　当与多人打招呼时，称呼礼仪应遵循先长后幼、先上后下、先近后远、先女后男、先疏后亲的原则。

人文底蕴素养

活动体验

◆ 画

古人对父母、儿女、兄弟间是如何称呼的？请将传统称谓和代表的关系进行连线。

家严/家君/家尊	对别人称自己的母亲
家慈	父母
高堂	妻父
膝下	儿女
泰山	儿子
东床	年幼弱小的子女
犬子	女婿
息女	在别人面前称自己的父亲

◆ 测

古人对别人的父母、兄妹是如何称呼的？

内　　容	你 的 答 案
1. 对对方母亲称	
2. 对对方父亲称	
3. 对对方哥哥称	
4. 对对方弟弟称	
5. 对对方妹妹称	
6. 对对方女婿称	

续表

内　容	你 的 答 案
7. 对对方儿子称	_____
8. 对对方女儿称	_____
9. 尊称别人的女儿为	_____
10. 对自己称	_____

写

现代生活中面对不同的对象，要根据其年龄、身份、行业、职业、职称、场合等进行合理称呼。请根据以下提示总结不同对象的称呼方式。

称 呼 对 象	举　例	称 呼 方 式
比自己年长且德高望重者	李老、赵老	
比自己年龄、身份低者	小王、小刘	
知识界、教育界、艺术界	张老师、李先生	
对一些职业特征比较明确的人	李大夫、刘医生	
对公职人员和有明确职位的人	王经理、赵局长	
比较熟悉的同学、战友、同事、朋友	王明、刘玲	
生活中或非正式场合与某些非亲属但又比较熟悉的人交往	王姐、张阿姨、赵叔叔	

人文底蕴素养

活动回顾

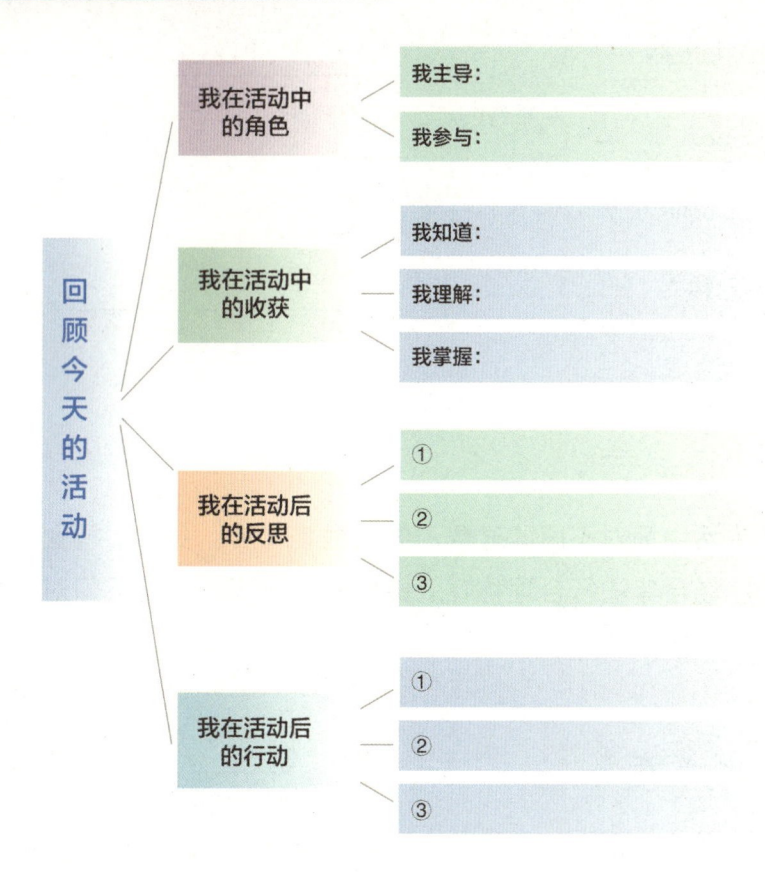

回顾今天的活动
- 我在活动中的角色
  - 我主导：
  - 我参与：
- 我在活动中的收获
  - 我知道：
  - 我理解：
  - 我掌握：
- 我在活动后的反思
  - ①
  - ②
  - ③
- 我在活动后的行动
  - ①
  - ②
  - ③

活动延伸

1. 请在教师指导下阅读《不同场合周恩来咋称呼邓颖超？》。
2. 请在教师指导下观看视频《常礼举要·称呼篇》。

活动 19　见面礼仪，让我们谦让客气

见面礼仪，让我们谦让客气
- 知见面礼仪的重要性
- 学见面礼仪的规范要求
- 使用标准见面礼节，养成文明礼貌习惯

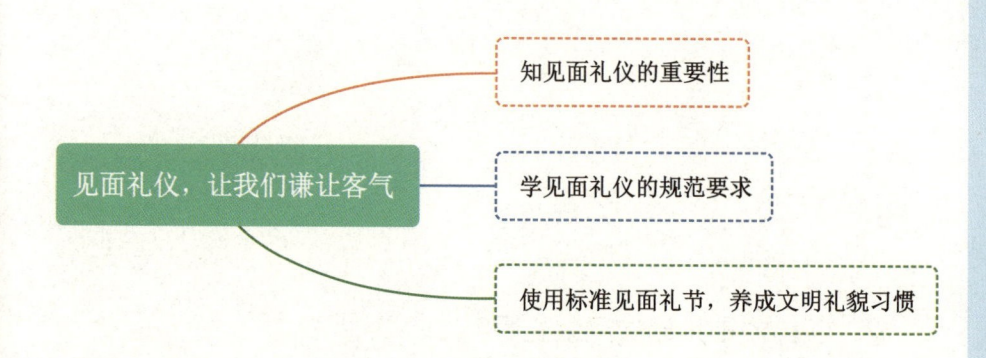

活动目标

1. 了解见面礼仪的意义。
2. 掌握一般见面礼仪的基本要求。
3. 在日常交际中熟练运用标准的见面礼节，养成文明礼貌的习惯。

活动探究

情境导入

某天，一位留学生来到国航饭店的前厅。正值旅游旺季，大厅里宾客络绎不绝。一位手提皮箱的客人走进大厅，行李员立即微笑着迎上前去，鞠躬问候，并跟在客人身后问客人是否需要帮助。这位客人也许是有急事，嘴里说了声"不用，谢谢"，头也没回地径直朝电梯走去。那位行李员向匆匆离去的背影深深地鞠了一躬，嘴里还不断地说："欢迎，欢迎！"。这位留学生对此困惑不解，便问身旁的前厅经理："当面给客人鞠躬是为了礼貌服务，可那位行李员朝客人的背影深鞠躬又是为什么呢？"

人文底蕴素养

学生思考

1. 你能回答这位留学生的问题吗？

2. 怎样才是正确的鞠躬礼呢？

3. 日常生活中与人见面，有的相识，有的是初次见面，怎么与之行见面礼呢？

知识探究

（1）鞠躬。"弯身行礼，以示恭敬"，鞠躬起源于中国商代，是对他人表示敬重的一种郑重礼节，在中国、日本、韩国、朝鲜等国家普遍使用。

（2）握手。握手礼最早起源于欧洲，握手表示手里没有武器，象征着信任和友谊，现在已经成为世界各国普遍采用的见面礼。握手更是职场的必修课，正确、得体、热情、大方的握手象征着尊敬和礼貌，能给人留下深刻的印象。

活动体验

想

（1）下列情形下的握手，应该谁先伸手？

图 19-1　客人到来时

图 19-2　客人离开时

（2）下图中的握手，有哪些不合礼仪之处？

图 19-3 　　　　　图 19-4 　　　　　图 19-5

演

现代见面礼仪规范你知多少？

说明：全班分为 5 个小组，每组负责一个见面礼仪的内容，小

人文底蕴素养

组内成员通过讨论、查阅资料等方式总结出每种见面礼仪的规范要求，并请组内的 3 位同学上台呈现小组成果，其中 1 位同学负责讲解见面礼仪的规范要求，另外 2 位同学负责展示见面礼仪。

现代见面礼仪	动作要领及规范要求
握手礼	
拥抱礼	
鞠躬礼	
贴面礼	
吻手礼	

活动回顾

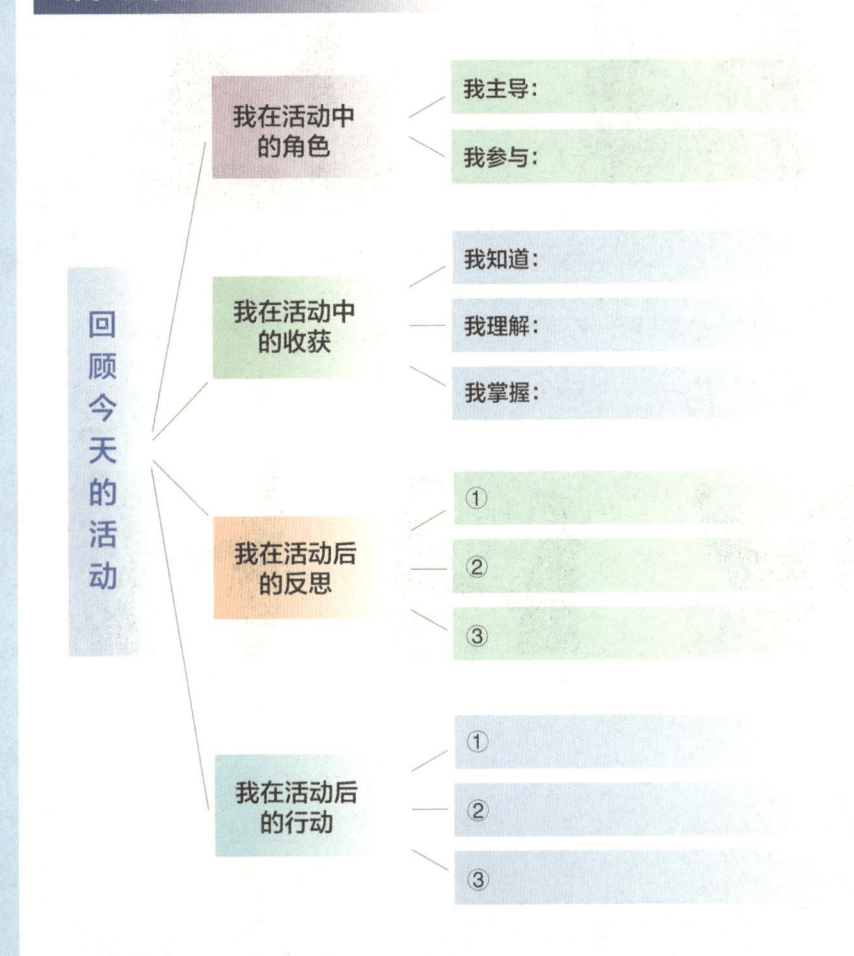

回顾今天的活动
- 我在活动中的角色
  - 我主导：
  - 我参与：
- 我在活动中的收获
  - 我知道：
  - 我理解：
  - 我掌握：
- 我在活动后的反思
  - ①
  - ②
  - ③
- 我在活动后的行动
  - ①
  - ②
  - ③

活动延伸

1. 请在教师的指导下阅读《大年初一话拜年：从跪拜礼到红包雨 你打算怎么过？》。压岁钱变迁的背后是生活之变、时代之变，除了压岁钱，还有哪些传统见面礼仪演变至今？

2. 见面礼仪情景体验

情景一：你作为学生代表在全校大会上发言，请模拟入场。

情景二：作为董事长助理，你在机场迎接公司贵宾，请模拟见面时的礼仪。

人文底蕴素养

活动 20　宴饮礼仪，让我们热情好客

```
宴饮礼仪，让我们热情好客 ── 知宴饮礼仪的重要性
                              学宴饮礼仪的规范要求
                              运用宴饮礼仪，展现良好宴饮素养
```

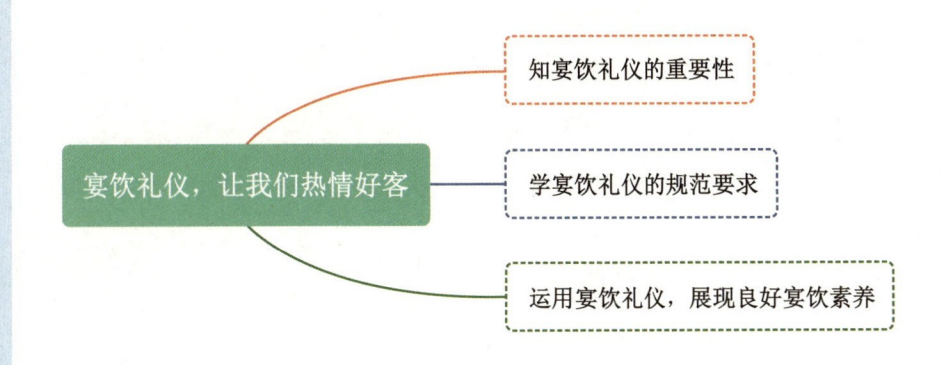

活动目标

1. 了解中国传统宴饮礼仪的基本要求。
2. 增强文明就餐的意识。
3. 将学到的宴饮礼仪运用到日常生活中，展现良好宴饮素养。

活动探究

❋ 情境导入

小张的同学留学归国，请老家的同学到当地最好的四星级饭店吃西餐。用餐开始了，小张为在同学面前显示出自己也很讲究，就用桌上一块"很精致的布"仔细地擦了自己的刀、叉。吃的时候，学着别人的样子使用刀叉，既费劲又辛苦，但他觉得自己挺得体的，总算没丢脸。用餐快结束了，吃饭时喝惯了汤的小张盛了几勺精致小盆里的"汤"放到自己碗里，然后喝下。小张同学一愣，尴尬得不知所措。

090

学生思考

1. 小张同学为何一愣？

2. 请找出小张不符合西餐礼仪的行为？

3. 关于宴饮礼仪你知道哪些？

知识探究

（1）筹备之礼：宴会之前主人向客人发出请柬，正式宴会一般由主人亲自送去请柬，请柬最好附上菜单。客人应及时回帖说明是否赴宴。

（2）迎客之礼：到期主人必须在门外肃立迎客，客到，主人与客人互相以长揖为礼，引导客人入厅小坐，奉茶，陪坐周旋，待客齐再入席。

（3）座次之礼：座次的礼仪各个时代多有不同，近现代以来座次以左上为尊。席中座次，以左为首座，相对者为二座，首座之下为三座，二座之下为四座。

（4）上菜之礼：上菜的方式和摆放主要由尊卑和取食方便来决定。对菜品的数量及菜品的档次也有严格的要求。

（5）用餐之礼：客人坐定，由主人先敬酒让菜，客人以礼相谢。

（6）结束之礼：宴饮结束后，主人要根据客人的情况做出安排，有礼节地送客离席或饭后茶点小坐，对重要客人要以礼相待，在门口相送，赠送回礼。客人也要向主人致谢。

活动体验

写

1. 现代中餐宴会桌次该如何排序？

活动说明：圆圈代表餐桌，根据宴会中桌次排序规则，用1、2、3在圆圈内标明桌次顺序。

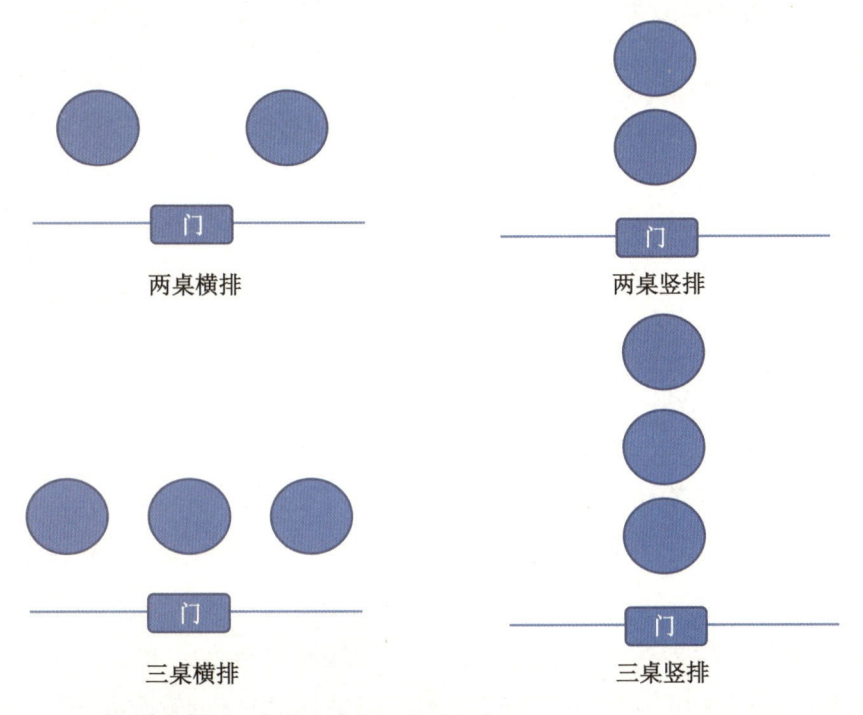

两桌横排　　　　两桌竖排

三桌横排　　　　三桌竖排

2. 现代中餐宴会座次该如何排序？

活动说明：圆圈代表餐桌，长方形代表餐椅，根据宴会中座次

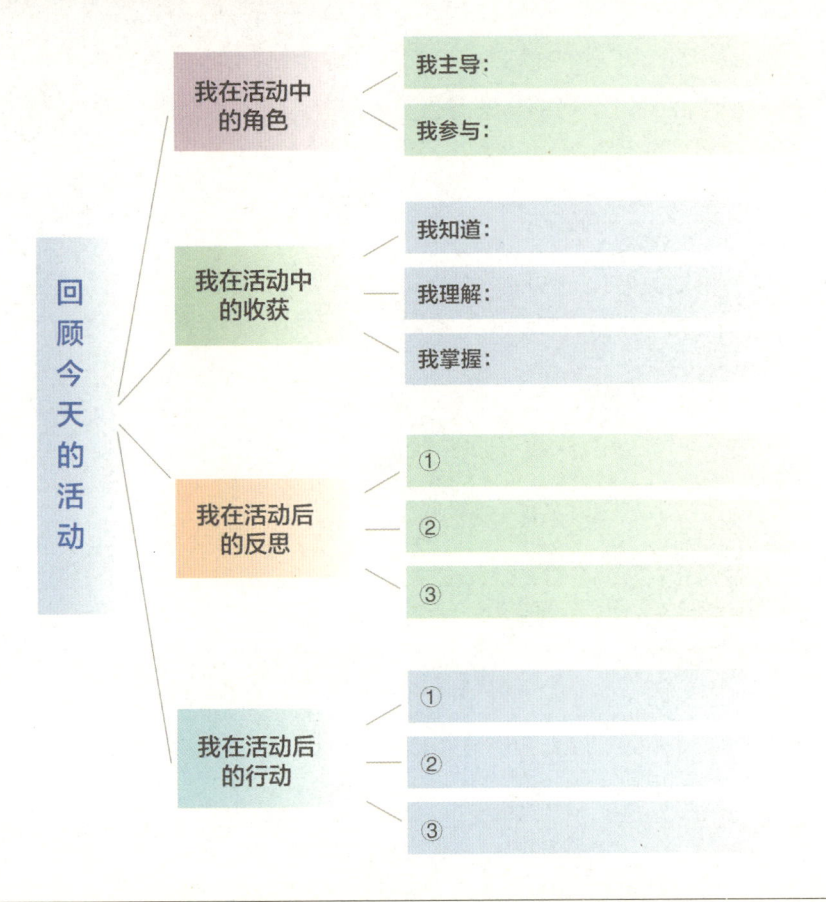

排序规则，用1、2、3、4等数字在方框内标明座次顺序。

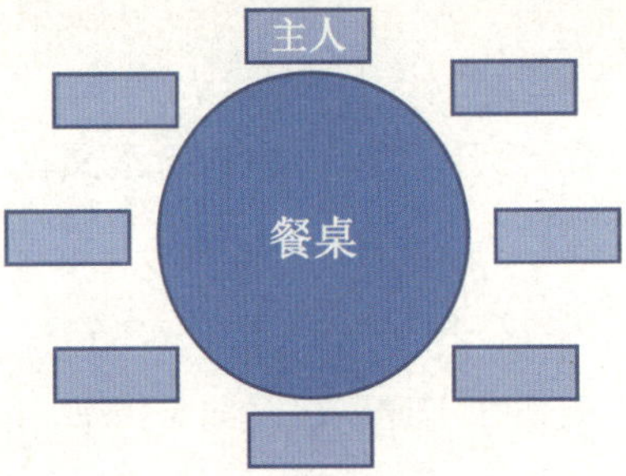

主人

餐桌

一位主人招待客人

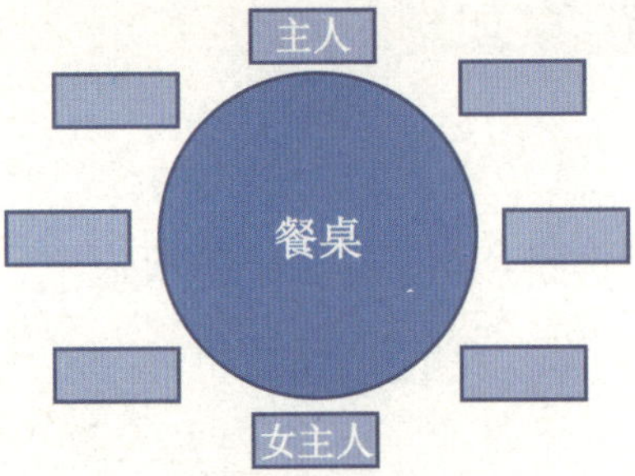

主人

餐桌

女主人
（或第二主人）

两位主人招待客人

比

讲故事比赛。

活动说明：同学们以小组竞赛的方式进行讲故事比赛，故事主题是有关筷子使用的禁忌。

活动回顾

回顾今天的活动

我在活动中的角色
　我主导：
　我参与：

我在活动中的收获
　我知道：
　我理解：
　我掌握：

我在活动后的反思
　①
　②
　③

我在活动后的行动
　①
　②
　③

活动延伸

1. 请在教师的指导下阅读《以餐桌文明带动社会整体文明水平的提升 坚决制止餐饮浪费行为》。

2. 宴饮礼仪情景体验。

情景一：你作为主人邀请 9 位同事来家里做客，客人中包含 1 位部门经理，2 位部门主管，2 位前辈，4 位年轻同事。请模拟接待用餐过程。

情景二：你受邀与一位外国友人吃西餐，请模拟西餐礼仪。

活动 21 电话礼仪

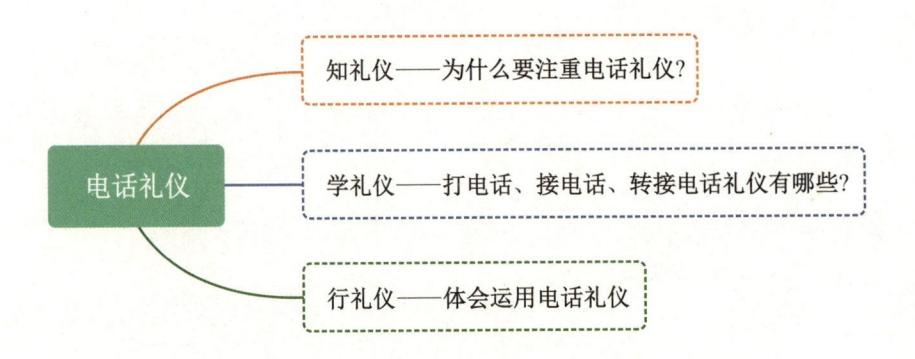

```
                ┌─────────────────────────────────────────┐
           ┌────┤ 知礼仪——为什么要注重电话礼仪?           │
           │    └─────────────────────────────────────────┘
           │    ┌─────────────────────────────────────────────────┐
 [电话礼仪]─┼────┤ 学礼仪——打电话、接电话、转接电话礼仪有哪些?   │
           │    └─────────────────────────────────────────────────┘
           │    ┌─────────────────────────────┐
           └────┤ 行礼仪——体会运用电话礼仪   │
                └─────────────────────────────┘
```

活动目标

1. 了解电话礼仪的意义。
2. 掌握打电话、接电话、转达电话内容的基本要求。
3. 运用电话礼仪,体会成功的喜悦。

活动探究

情境导入

王明是一家公司的销售主管,公司的很多业务是通过电话联络来完成的。有一天,一个业务员向王明反映,一个他一直跟单的大客户竟转向他人,他自问并没有什么地方得罪客户。王明与该客户熟悉,就侧面去了解,客户的反映是这个业务员做事很"假",对他没有诚意。王明觉得有点疑惑,接下来几天,他仔细观察他手下的工作过程,终于发现问题出在挂电话上。

学生思考

1. 在与客户电话沟通中,究竟应该如何挂断电话?

2. 你觉得这位业务员到底犯了什么样的错误，从而导致客户不满？

❋ 知识探究

1. 打电话

（1）先写下想说的事、其中的要点和问题以及日期、事实等需要注意的问题。

（2）知道接电话人的名字和职业。

（3）在打电话前检查区号和号码是否正确。

（4）选一个打电话最合适的时间。

2. 接电话

（1）迅速准确地接听。

（2）融入笑容的声音。

（3）自报家门。

（4）了解来电的目的。

（5）避免将电话转给他人。

（6）转入正题。

（7）边听边做出反应。

（8）掌握应诺声音。

（9）随时记录。

（10）避免电话中止时间过长。

（11）不懂的地方，应礼貌地提出来。

（12）复述并确认。

（13）对方挂掉电话后，再放下听话筒。

3. 转达电话内容

（1）关键字句听清楚了吗？

① 明确告知对方要找的人不在。

② 当不便告知具体事项时，要留下对方的姓名、电话、公司名称。

③若受顾客委托转告，则应边听顾客讲边复述，并做好记录。

（2）慎重选择理由。

① 因病休息。

② 出差在外。

③ 上厕所。

④ 直接告知不在办公室。

⑤ 开会时，有紧急电话接入，可通过递纸条的方式询问是否接电话。

活动体验

演

当你遇到一个同事，给你打起电话来，喋喋不休，你又有别的事情要忙，你会如何拒绝他，尽快地挂断电话？请同学们进行角色扮演练习。

想

每个家庭或每个人都会遇到对方打错电话的时候，是漠然还是冷眼？是调侃还是幽默？每个人处事的方法各不相同。

下面是一个温柔应对打错电话的案例。

人文底蕴素养

一日午夜，睡梦中突然"铃…铃…"电话暴响。

"谁这么晚还打电话？"揉揉惺忪睡眼，黑暗中摸起电话。

"喂，谁呀？"

"大舅，是我。"

"哦，是你呀，外甥。"

"大舅，您身体好吗？"

"挺好的。"

"我舅妈身体好吗？"

"都挺好的。"

"咦？大舅，你声音怎么变了？"

"因为你打错电话了，外甥。"

对方愣了5秒，然后电话中传来"嘟…嘟…"的忙音。

请问：如果你遇到类似的电话，你会如何应对？

活动回顾

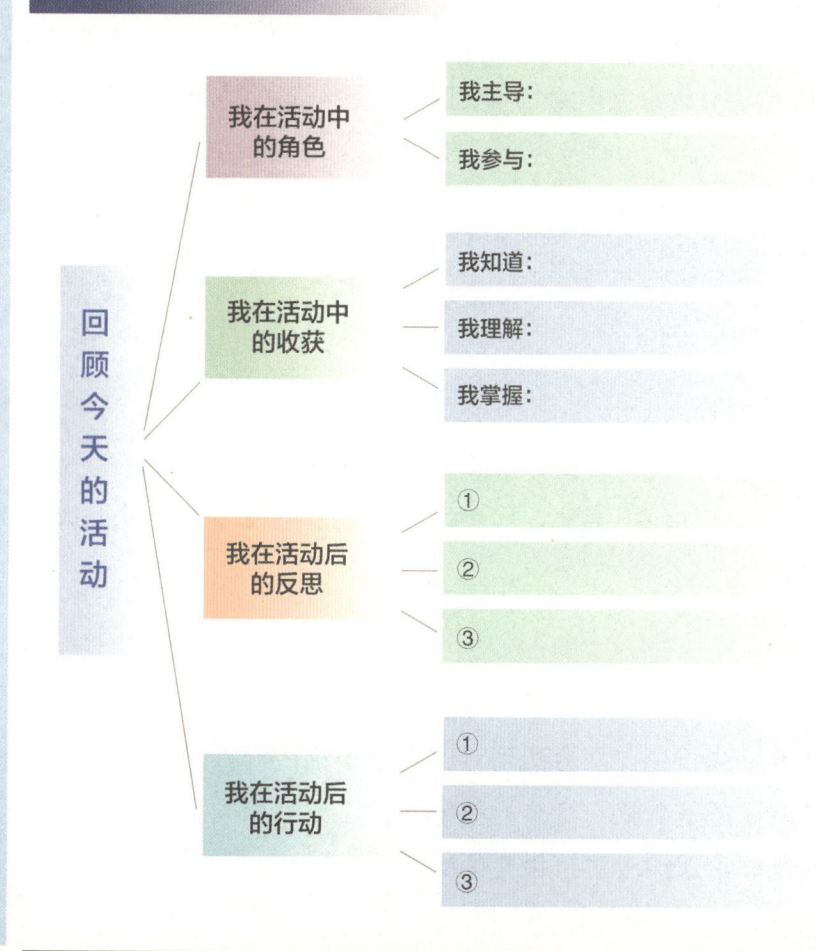

回顾今天的活动
- 我在活动中的角色
  - 我主导：
  - 我参与：
- 我在活动中的收获
  - 我知道：
  - 我理解：
  - 我掌握：
- 我在活动后的反思
  - ①
  - ②
  - ③
- 我在活动后的行动
  - ①
  - ②
  - ③

活动延伸

情景：

电话销售员：您好，李总，我是一家财务软件公司的小王，很高兴你能接听这个电话。

李总：有什么事吗？

电话销售员：是这样，我们公司最近新代理一种能够有效降低库存的财务方面的管理软件，听说你们公司目前还没有使用这方面的软件，是吧？

李总：你听谁说的，我们偌大的公司怎么可能不使用财务管理软件，你搞错了吧？

电话销售员：是吗，您使用的是什么品牌的财务软件呢？

嘟、嘟……对方已经挂断电话了。

问题与思考：在上述情景中，电话销售员的提问有什么问题？如果是你，你会如何做呢？

人文底蕴素养

活动 22 面试礼仪

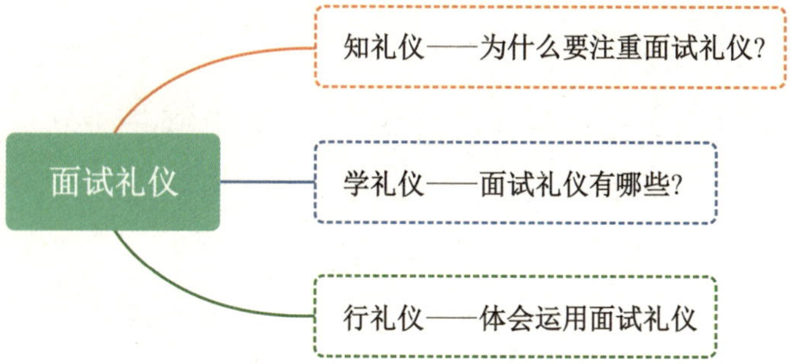

知礼仪——为什么要注重面试礼仪？

面试礼仪

学礼仪——面试礼仪有哪些？

行礼仪——体会运用面试礼仪

活动目标

1. 了解面试礼仪的重要性。
2. 掌握面试礼仪的一般原则。
3. 在面试过程中，学会运用面试礼仪。

活动探究

情境导入

　　有家招聘高级管理人才的公司，对一群应聘者进行复试。尽管应聘者都很自信地回答了考官的简单提问，可结果却都未被录用，只得怏怏离去。这时，有一位应聘者，走出房门后，看到了地毯上有一个纸团。地毯很干净，那个纸团显得很不协调。这位应聘者弯腰捡起了纸团，准备将它扔到纸篓里。这时考官发话了："您好，朋友，请看看您捡起的纸团吧！"这位应聘者迟疑地打开纸团，只见上面写着："热忱欢迎您到我们公司任职。"几年以后，这位捡纸团的应聘者成了这家著名大公司的总裁。

学生思考

1. 上面的案例说明什么问题？

2. 面试中有哪些注意事项？

知识探究

1. 着装要得体

面试着装的两个原则：一是要和职位相吻合；二是要和考场气氛相匹配。

2. 牢记面试时间

面试迟到自然是大忌，会留下不好的第一印象。

3. 面试时的形体语言

（1）微笑缓解紧张情绪。

微笑是自信的第一步，也能为你消除紧张。

（2）适度恰当的手势。

说话时搭配些手势，加大对某个问题的形容和力度，不过手势太多会分散人的注意力，需要适度配合表达。

（3）如钟坐姿显精神。

进入面试室后，等面试官告诉你"请坐"时可坐下，坐下时应道声"谢谢"。坐椅子时最好坐满三分之二,上身挺直,这样显得精神抖擞;保持轻松自如的姿势,身体要略向前倾。

(4)眼睛是心灵的窗户。

对面试官应全神贯注,目光始终聚焦在面试人员身上,在不言之中,展现出自信及对对方的尊重。

4. 听清要回答的问题

(1)全神贯注地聆听。

在提问过程中首先应该学会聆听,面试者只有全神贯注地聆听,才能获取考官提问的重点。

(2)证实问题内容。

如果对主考官提出的问题,一时摸不着边际,不知从何答起或难以理解对方问题的含义时,应试者要保持冷静,可将问题复述一遍,并先谈自己对这一问题的理解,请教对方以确定内容。

(3)回答问题有侧重点。

面试者在回答问题时,应该根据考官提问的重点,有侧重点地进行回答,回答问题有先后顺序,逻辑关系明确,口齿伶俐,思路清晰,不卑不亢。

5. 面试完表示感谢

面试完后,起立,并向对方表示感谢,面向对方缓步退出面试室,不可走得太快,以免对方误以为你紧张、怯场,或有其他什么重要的事才这么快走掉。

活动延伸

练

1. 面试问题回答

问题一:"请你自我介绍一下。"

思路:

(1)这是面试的必考题目。

(2)介绍内容要与个人简历相一致。

(3)表述方式上尽量口语化。

（4）要切中要害，不谈无关、无用的内容。

（5）条理要清晰，层次要分明。

（6）事先最好以文字的形式写好背熟。

问题二："你为什么选择我们公司？"

思路：

（1）面试官试图从中了解你求职的动机、愿望以及对此项工作的态度。

（2）建议从行业、企业和岗位这三个角度来回答。

问题三："我们为什么要录用你？"

思路：

（1）应聘者最好站在招聘单位的角度来回答。

（2）招聘单位一般会录用这样的应聘者：基本符合条件，对这份工作感兴趣，有足够的信心。

2. 各小组进行面试模拟练习

活动回顾

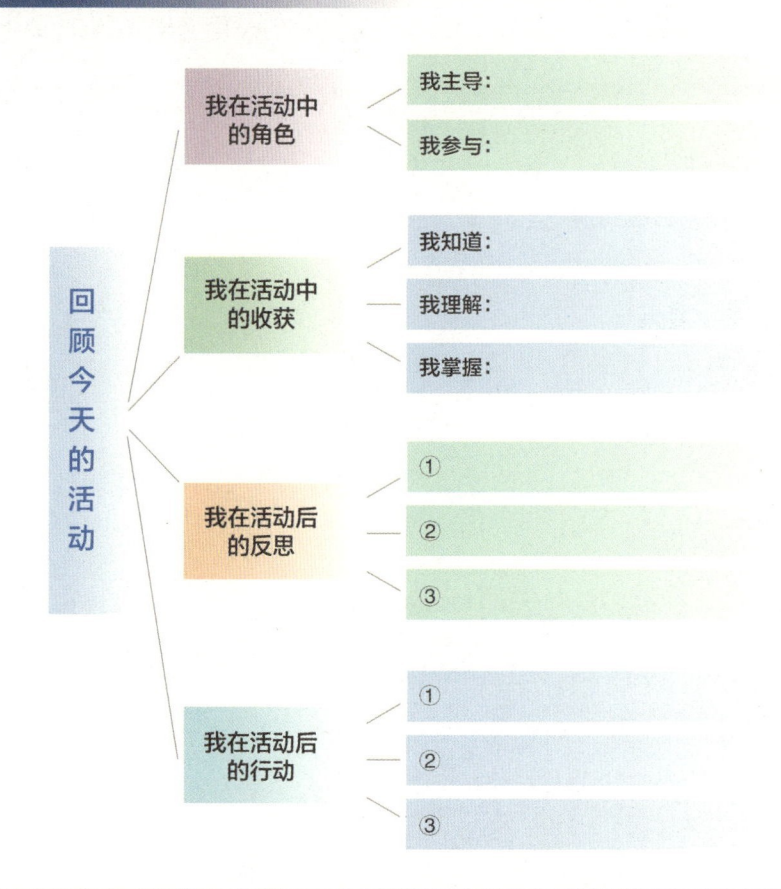

回顾今天的活动
- 我在活动中的角色
  - 我主导：
  - 我参与：
- 我在活动中的收获
  - 我知道：
  - 我理解：
  - 我掌握：
- 我在活动后的反思
  - ①
  - ②
  - ③
- 我在活动后的行动
  - ①
  - ②
  - ③

活动延伸

案例：某公司举行招聘营销人员的面试，先后对几个应试者提出了同一个问题："请你顺着窗口往外看，你看到了什么？"

第一个回答："我看到了马路、汽车、房子、田野。"

第二个回答："我看到了田野那边的山、河流、海滩。"

第三个回答："我好像看到了我的朋友、亲人在那里为我祝福，希望我应试成功。"

第四个回答："我除了看到前面几个看到的这些东西外，我似乎还看到了窗外有好多人、好多车，在排队等待购买我们公司的产品。我想，我如果被聘用的话，我会和你们一道，把这种预想变成事实的。"

第四个回答者被录用了。

案例思考与讨论：

（1）在招聘中，当主考官问你同样的问题时，你会怎样回答？

（2）巧妙回答难以回答的问题时采用的方法有哪些？

活动 23　共欢新故岁

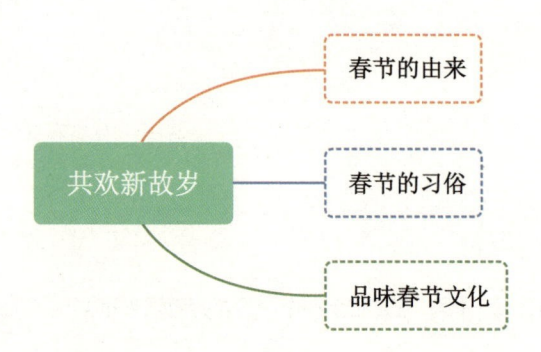

```
                    ┌─ 春节的由来 ─┐
共欢新故岁 ─────────── 春节的习俗
                    └─ 品味春节文化 ─┘
```

活动目标

1. 了解春节这一中国传统节日的起源和习俗。
2. 激发学生对春节习俗的探究兴趣和对传统文化的热爱。
3. 体会我国春节传统活动的热闹氛围，感受人们对美好生活的向往。

活动探究

❖ 情境导入

元日
[宋]王安石
爆竹声中一岁除，春风送暖入屠苏。
千门万户曈曈日，总把新桃换旧符。

简析：

  这首诗描写了春节除旧迎新的景象。一片爆竹声中送走了旧的一年，饮着醇美的屠苏酒感受到了春天的气息。初升的太阳照耀着千家万户，家家门上的桃符都换成了新的。

人文底蕴素养

学生思考

1. 从《元日》这首诗中你能找出哪些年俗?

2. 你知道我国春节的传统习俗都有哪些吗?

3. 春节对中国人的意义是什么?

知识探究

春节是中国民间最浓重、最富有特色的传统节日,也是全年最重要的一个节日。

农历正月初一是春节,但春节的活动却并不止于正月初一这一天。从小年(腊月二十三或二十四日)起,人们便开始"忙年",购置年货、守岁、扫尘、贴对联、放鞭炮、压岁钱等，直到正月十五元宵节过后，春节才算真正结束。

春节是亲人的聚会，也是精神的洗礼与伦理关系的更新；是对亲友和社会各方面帮扶之恩的感谢，也是维系社会关系、促进社会和谐的重要因素。春节是中华民族文化优秀传统的重要载体，也是一种民族文化象征和凝聚民族情感的重要力量。

活动体验

◆ 看

第一小组同学搜集关于春节的由来和传说故事的小视频，通过投影仪进行播放（展示），然后由 1 位同学分享搜集的体会。

◆ 说

第二小组同学收集家乡当地过年的习俗趣闻，准备 2 分钟分享材料，分享后由 1 位同学总结。

◆ 演

第三小组同学自编自演以"过年"为主题的 3 分钟情景剧，演出后由 1 位同学分享学习体会。

◆ 讲

第四小组同学以"春节团圆"为主题，准备 3 分钟演讲，演讲后由 1 位同学分享学习体会。

◆ 评

由每个小组推选 1 位同学担任活动评审员，分别对以上 4 个小组的表现进行评分，同时评选出 1 位表现最佳的同学，最后由 1 位同学进行点评。

人文底蕴素养

活动回顾

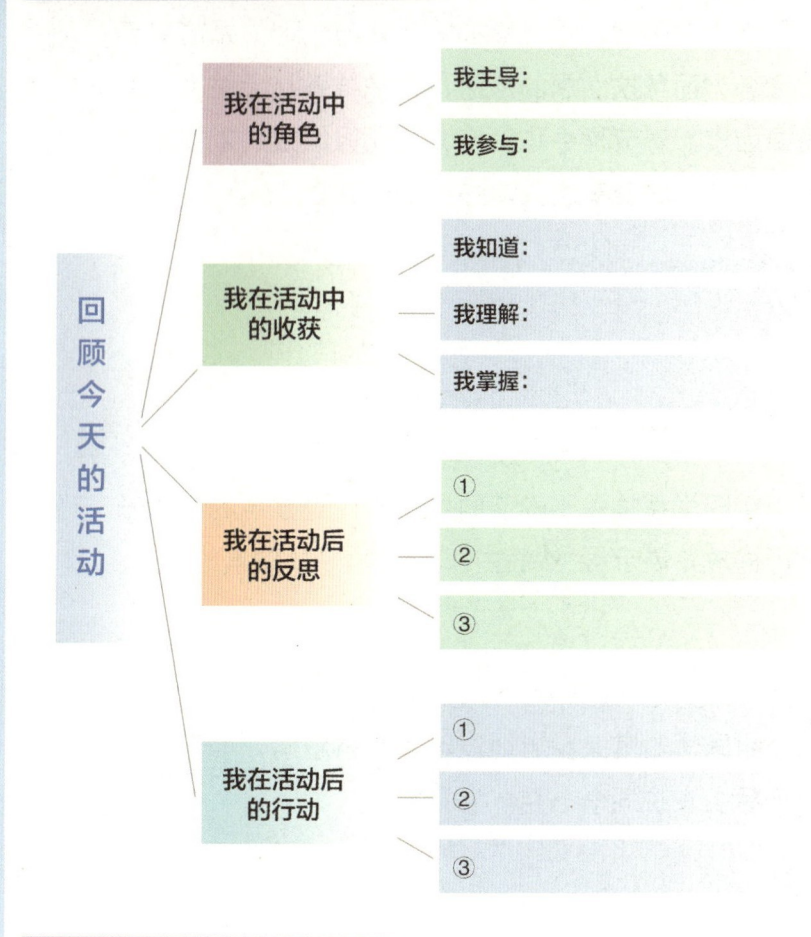

回顾今天的活动
- 我在活动中的角色
  - 我主导：
  - 我参与：
- 我在活动中的收获
  - 我知道：
  - 我理解：
  - 我掌握：
- 我在活动后的反思
  - ①
  - ②
  - ③
- 我在活动后的行动
  - ①
  - ②
  - ③

活动延伸

1. 参加当地过年的习俗活动，谈谈你对年俗文化的认识和体会。

2. 观看视频：央视纪录片《回家过年》。

活动 24　远怀重清明

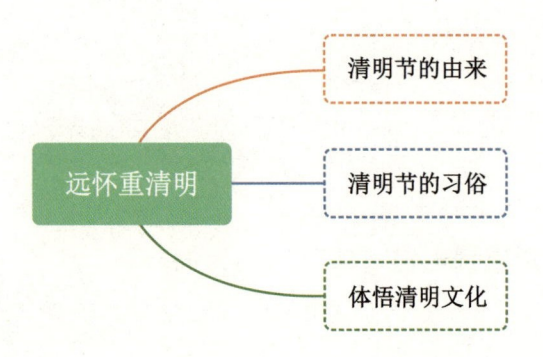

```
                    ┌── 清明节的由来
                    │
        远怀重清明 ──┼── 清明节的习俗
                    │
                    └── 体悟清明文化
```

活动目标

1. 了解清明节这一中国传统节日的起源和习俗。
2. 通过学习，深刻认识和领会中华民族的传统文化。
3. 挖掘清明节的文化内涵，从而实现情感、态度及价值观的迁移。

活动探究

❀ 情境导入

清明
[唐]杜牧

清明时节雨纷纷，路上行人欲断魂。
借问酒家何处有？牧童遥指杏花村。

简析：

　　这首诗描写了清明时节的天气特征，抒发了孤身行路之人的情绪和希望。

人文底蕴素养

学生思考

1. 清明节是几月几日？清明节又叫作什么节？

2. 你还知道哪些描写清明节的诗词？

3. 你知道清明节的文化内涵吗？

知识探究

清明，既是节气，又是节日。民谚云："种树造林，莫过清明""清明前后，点瓜种豆""谷雨清明两相连，浸种耕田莫迟延"。节气的清明，是春耕春种的大好时机。节日的清明，是民间寄放情感的传统日子。清明节在全国各地都是非常重要的节日，尤其自 2008 年起被国家定为法定假日之后，更是引起了全国各族人民的重视。

110

清明节的习俗因全国各地地域不同而存在着内容上或细节上的差异，但扫墓、踏青是共同基本礼俗主题。除此之外，清明节还有植树、放风筝、插柳、拔河等习俗。

作为中华文化中历史最为悠久的一个传统节日之一，清明礼俗文化充分体现了中华民族礼敬祖先、慎终追远的人文精神。

活动体验

看

第一小组同学搜集关于清明节的由来和传说故事的小视频，通过投影仪播放（解释），然后由 1 位同学分享搜集的体会。

说

第二小组同学搜集家乡当地清明节的习俗，准备 2 分钟分享材料，分享后由 1 位同学总结。

读

第三小组同学上网查找有关清明节的诗词，选择其中一首进行诵读，并由 1 位同学分享小组的学习体会。

讲

第四小组同学以"作为新时代的学生，我们应该怎样破除祭扫陋习，过一个绿色清明节"为主题，准备 3 分钟演讲，演讲后由 1 位同学分享学习体会。

评

由每个小组推选 1 位同学担任活动评审员，分别对以上 4 个小组的表现进行评分，同时评选出 1 位表现最佳的同学，最后由 1 位同学进行点评。

人文底蕴素养

活动回顾

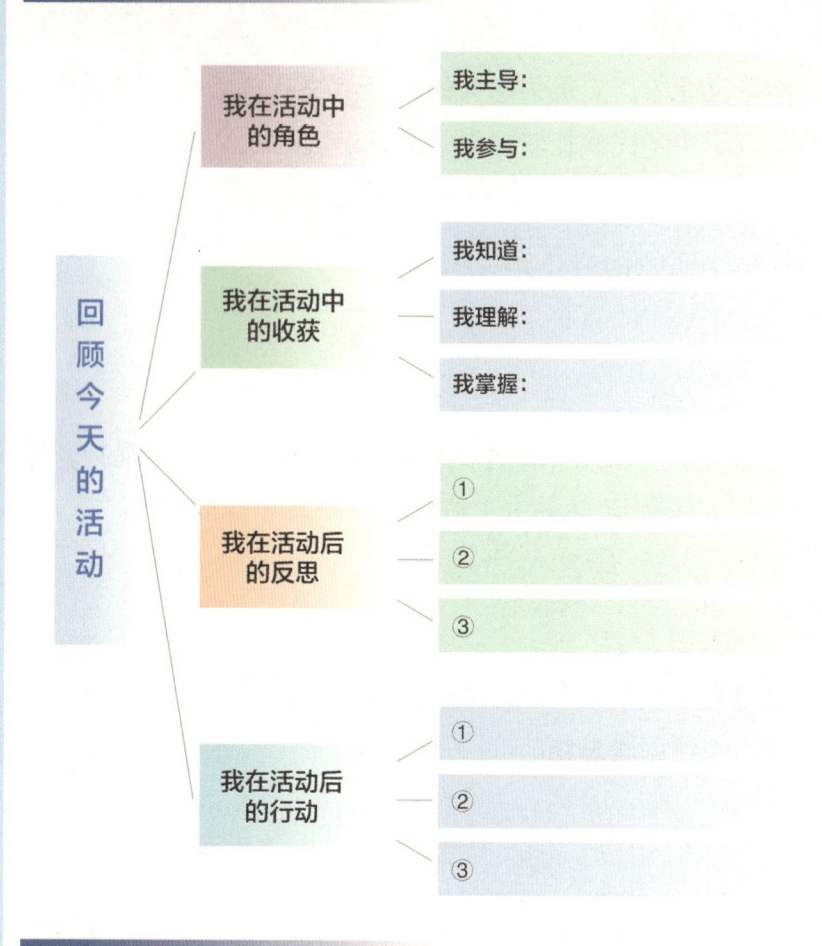

回顾今天的活动
- 我在活动中的角色
  - 我主导：
  - 我参与：
- 我在活动中的收获
  - 我知道：
  - 我理解：
  - 我掌握：
- 我在活动后的反思
  - ①
  - ②
  - ③
- 我在活动后的行动
  - ①
  - ②
  - ③

活动延伸

1. 班级举行一次以"缅怀革命先烈，追思革命历程，弘扬爱国精神"为主题的清明节扫墓活动，并谈谈你的感悟和启发。

2. 观看视频：央视《2021年传奇中国节·清明》。

活动 25 秋空明月悬

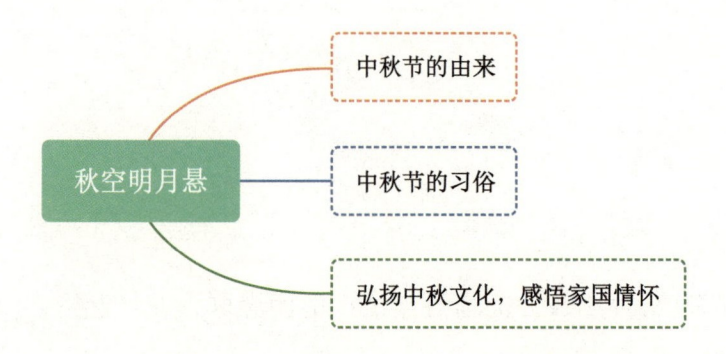

秋空明月悬
- 中秋节的由来
- 中秋节的习俗
- 弘扬中秋文化，感悟家国情怀

活动目标

1. 了解中秋节的来历和有关习俗。
2. 通过学习，激发学生爱祖国、爱家乡、爱父母的情感。
3. 通过活动，渗透盼望祖国统一的思想，体会家人团圆的幸福。

活动探究

情境导入

阳光曲·中秋月
[宋]苏轼
暮云收尽溢清寒，银汉无声转玉盘。
此生此夜不长好，明月明年何处看。

简析：

这首诗描写了作者与其胞弟苏辙久别重逢，共赏中秋月的赏心乐事，同时也抒发了聚后不久又得分离的哀伤与感慨。

人文底蕴素养

🌀 学生思考

1. 中秋节是几月几日？它有哪些别称？

2. 人们为什么会把圆月与亲人的团聚联系在一起？

3. 除中国外，世界上还有哪些国家或地区过中秋节？

✳ 知识探究

中秋节是与春节、清明节、端午节齐名的中国四大传统节日之一。每年农历八月十五，家家户户把瓜果、月饼等食物摆在桌上，全家老少仰望星空，欣赏皓洁当空的圆月，品尝甘甜入心的月饼。

中秋节自古便有赏月、吃月饼、玩花灯、猜谜、赏桂花等民俗，一直流传至今。在中秋节食月饼是最受欢迎的传统习俗，人们把中秋赏月与品尝月饼，作为家人团圆的一大象征。

　　中秋节不仅表达了美满、和谐、富饶和安康的美好愿望，也是团结、团圆、庆丰收的象征。中秋最重要的文化内涵是团圆，将"团圆"予以延伸便有了"和谐"的寓意。在中秋赏月的习俗中强调了人与自然的和谐，通过节日竞赛的开展，密切了人与人之间的关系。中秋节是中华文明的产物，它激发我们对中华优秀传统文化的自信与对祖国的热爱，传承着民族自豪感和浓浓的爱国之情。

活动体验

看

　　第一小组同学搜集中秋节的由来和传说故事的小视频，通过投影仪播放（解释），然后由 1 位同学分享搜集的体会。

说

　　第二小组同学搜集家乡中秋节的习俗，准备 2 分钟分享材料，分享后由 1 位同学总结。

读

　　第三小组同学上网搜集有关中秋节的诗词，选择其中一首进行诵读，并由 1 位同学分享小组的学习体会。

讲

　　第四小组同学以"花好月圆，情系中秋"为主题，准备 3 分钟演讲，演讲后由 1 位同学分享学习体会。

评

　　由每个小组推选 1 位同学担任活动评审员，分别对以上 4 个小

人文底蕴素养

组的表现进行评分，同时评选出 1 位表现最佳的同学，最后由 1 位同学进行点评。

活动回顾

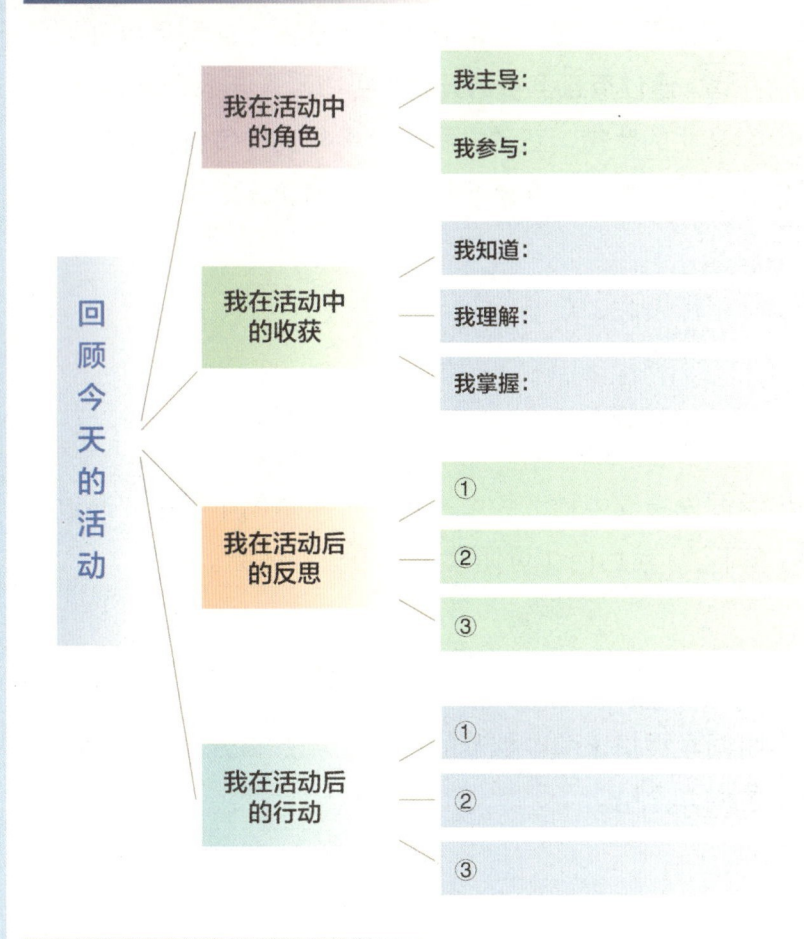

回顾今天的活动
- 我在活动中的角色
  - 我主导：
  - 我参与：
- 我在活动中的收获
  - 我知道：
  - 我理解：
  - 我掌握：
- 我在活动后的反思
  - ①
  - ②
  - ③
- 我在活动后的行动
  - ①
  - ②
  - ③

活动延伸

1. 观看视频：北京卫视《大家说中秋》。
2. 观看纪录片后，请写出不少于 200 字的观后感。

活动 26　百舸粽争先

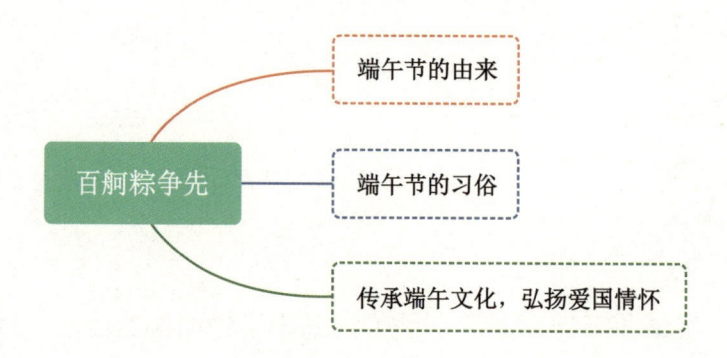

```
                    ┌─ 端午节的由来
                    │
  百舸粽争先 ───────┼─ 端午节的习俗
                    │
                    └─ 传承端午文化，弘扬爱国情怀
```

活动目标

1. 了解端午节的由来和传统习俗。
2. 通过学习，激发学生的爱国热情和民族自豪感。
3. 培养学生优秀的道德品质及热爱生活、正确对待生活的态度。

活动探究

❋ 情境导入

浣溪沙·端午
[宋]苏轼

轻汗微微透碧纨，明朝端午浴芳兰。流香涨腻满晴川。

彩线轻缠红玉臂，小符斜挂绿云鬟。佳人相见一千年。

简析：

　　这首诗描写了妇女欢度端午佳节的情景。描述了她们在节日前的各种准备，按照民间风俗，彩线缠玉臂，小符挂云鬟，互致节日的祝贺。

人文底蕴素养

学生思考

1. 端午节是几月几日？它有哪些别称？

2. 在端午节纪念屈原，我们应该学习他的哪些品质和精神？

3. 作为新时代青年，如何弘扬和传承中华传统文化？

知识探究

端午节是我国的传统节日，为每年农历五月初五。与端午节有关的民间传说大体牵涉到四位古人：一个是春秋时代的晋人介子推，一个是战国越王勾践，一个是战国楚人屈原，还有东汉上虞女子曹

118

娥。但其中以纪念屈原影响最为广泛，如今屈原成为端午节的纪念对象。

自古以来，端午节的主要习俗有"挂菖蒲、蒿草、艾叶""饮雄黄酒""吃粽子""赛龙舟"等，其中影响最大的当属"吃粽子"和"赛龙舟"。

端午节通过开展多种传统节俗活动将文化传承融入民俗节日中，让人们在这个特定的节日中回归传统，感受伟大爱国诗人的高尚品格，增强了人们的民族意识与文化使命感，让优秀的民族文化传统在现代生活中得以延续更新。端午文化蕴含着对国家、家庭以及个体生命三个方面的深厚感情，凝结着中华民族的民族精神和民族情感，承载着中华民族的文化血脉和思想精华。

活动体验

看

第一小组同学搜集端午节的由来和传说故事的小视频，通过投影仪播放（解释），然后由1位同学分享搜集的体会。

说

第二小组同学搜集家乡端午节的习俗，准备2分钟分享材料，分享后由1位同学总结。

读

第三小组同学上网搜集有关端午节的诗词，选择其中一首进行诵读，并由1位同学分享小组的学习体会。

讲

第四小组同学以"端午随想"为主题，准备3分钟演讲，演讲后由1位同学分享学习体会。

◆ 评

　　由每个小组推选 1 位同学担任活动评审员，分别对以上 4 个小组的表现进行评分，同时评选出 1 位表现最佳的同学，最后由 1 位同学进行点评。

活动回顾

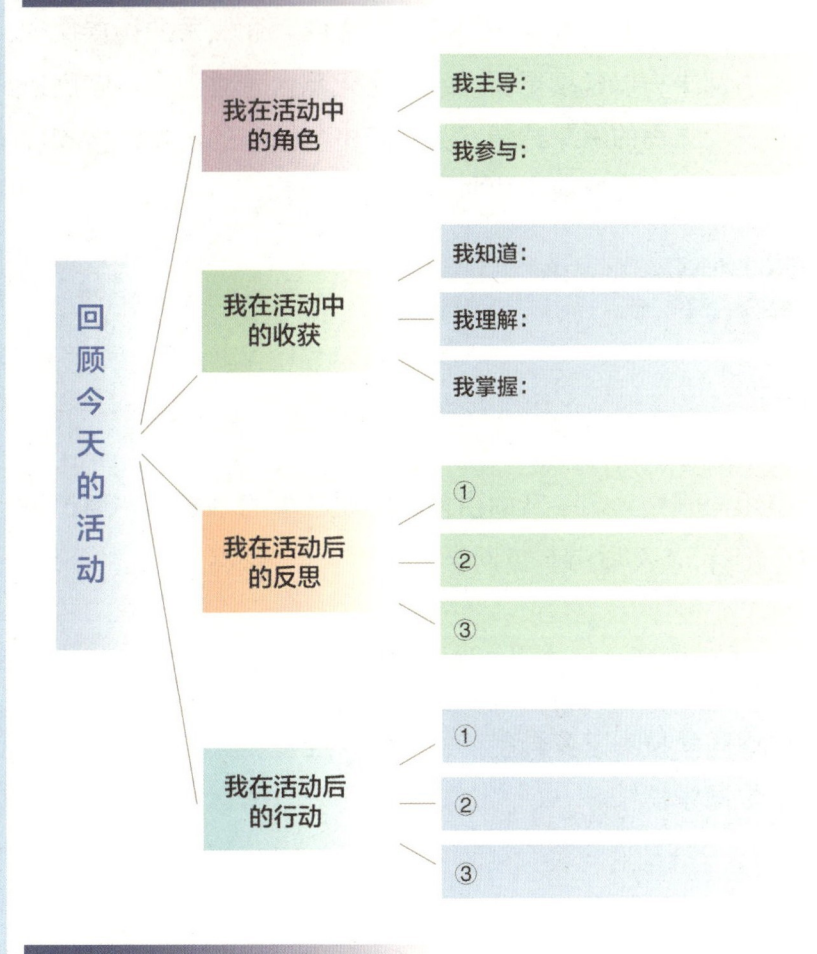

回顾今天的活动
- 我在活动中的角色
  - 我主导：
  - 我参与：
- 我在活动中的收获
  - 我知道：
  - 我理解：
  - 我掌握：
- 我在活动后的反思
  - ①
  - ②
  - ③
- 我在活动后的行动
  - ①
  - ②
  - ③

活动延伸

　　1. 班级举行一次端午节包粽子比赛活动，感受节日气氛，体会父母的艰辛。

　　2. 观看视频：央视《2021 年传奇中国节·端午》，并谈谈你的感想。

活动27 节气之画卷

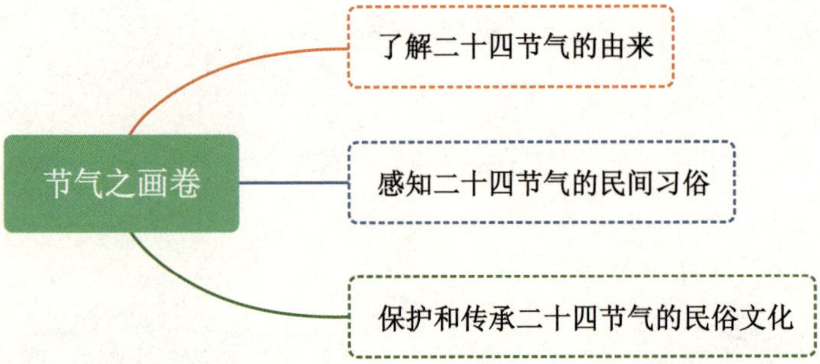

```
                          ┌─────────────────────┐
                     ┌────┤ 了解二十四节气的由来      │
                     │    └─────────────────────┘
┌──────────┐         │    ┌─────────────────────┐
│ 节气之画卷  ├─────────┼────┤ 感知二十四节气的民间习俗   │
└──────────┘         │    └─────────────────────┘
                     │    ┌─────────────────────────┐
                     └────┤ 保护和传承二十四节气的民俗文化  │
                          └─────────────────────────┘
```

活动目标

1．了解二十四节气的由来及习俗文化。

2．激发学生尊重自然、顺应自然的积极性和自觉性。

3．明白二十四节气的保护和传承任重道远，传播和传承中华民族优秀民俗文化是我们义不容辞的责任。

活动探究

情境导入

2016 年 11 月，联合国教科文组织保护非物质文化遗产政府间委员会第十一次会议通过决议，将中国申报的"二十四节气——中国人通过观察太阳周年运动而形成的时间知识体系及其实践"列入联合国教科文组织人类非物质文化遗产代表作名录。

学生思考

1. 你知道"二十四节气"的由来吗？

121

人文底蕴素养

2. "二十四节气"的民俗有哪些?

3. "二十四节气"申遗成功有何意义?

✦ 知识探究

二十四节气作为中国古代订立的一种补充历法，在我国传统农耕文化中占有极其重要的位置，是我国古代劳动人民对天文、气象进行长期观察、研究的产物，其背后蕴含了中华民族悠久的文化内涵和历史积淀。2016年11月，二十四节气被正式列入联合国教科文组织人类非物质文化遗产代表作名录。

活动体验

写

"二十四节气"民俗知多少。

在教师的指导下，查找有关"二十四节气"的民俗活动，将对应民俗活动填入对应的节气中，并在同学之间进行分享。

节气	立春	雨水	惊蛰	春分	清明	谷雨
民俗						
节气	立夏	小满	芒种	夏至	小暑	大暑
民俗						
节气	立秋	处暑	白露	秋分	寒露	霜降
民俗						
节气	立冬	小雪	大雪	冬至	小寒	大寒
民俗						

想

古文与"二十四节气"。

面对一年当中往复更替的二十四节气，古人将节气作为创作元素，融入诗文当中，使作品生动鲜活，更富有生活气息，易与观者产生共鸣。不同情景、不同地点、不同境遇结合不同节气，表达出文人内心不同的感受，承载了不同的情感，或是物是人非之愁，或是豪情壮志之悲，或是回忆昔日旧情之喜，或是抒发相思离别之苦，将个人心底细腻的情感全部寄托于节气当中，创造出另一种韵味。

人文底蕴素养

你知道哪些与"二十四节气"有关的古文？将这些古文写下来与其他同学分享。

演

学唱"二十四节气"民谣。

二十四节气歌（一）

春雨惊春清谷天，夏满芒夏暑相连。
秋处露秋寒霜降，冬雪雪冬小大寒。
每月两节不变更，最多相差一两天。
上半年来六廿一，下半年是八廿三。
（廿 niàn，意为二十）

二十四节气歌（二）

立春梅花分外艳，雨水红杏花开鲜；
惊蛰芦林闻雷报，春分蝴蝶舞花间。
清明风筝放断线，谷雨嫩茶翡翠连；
立夏桑果像樱桃，小满养蚕又种田。
芒种玉秧放庭前，夏至稻花如白练；
小暑风催早豆熟，大暑池畔赏红莲。
立秋知了催人眠，处暑葵花笑开颜；
白露燕归又来雁，秋分丹桂香满园。
寒露菜苗田间绿，霜降芦花飘满天；
立冬报喜献三瑞，小雪鹅毛片片飞。
大雪寒梅迎风狂，冬至瑞雪兆丰年；
小寒游子思乡归，大寒岁底庆团圆。

活动回顾

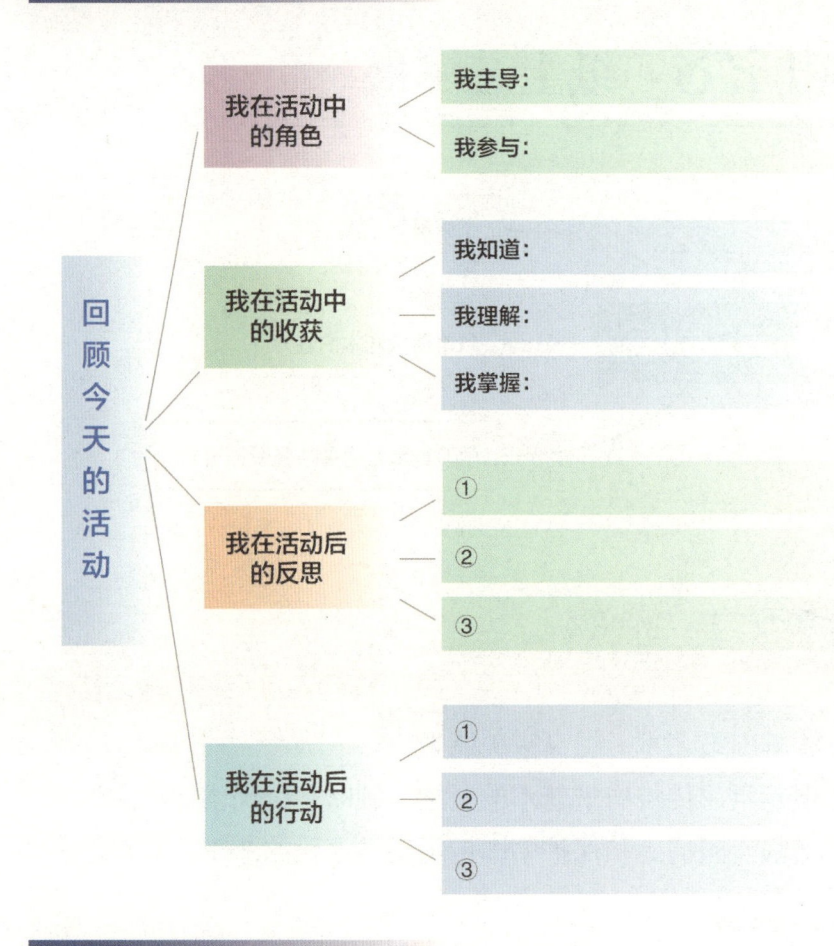

- 回顾今天的活动
  - 我在活动中的角色
    - 我主导：
    - 我参与：
  - 我在活动中的收获
    - 我知道：
    - 我理解：
    - 我掌握：
  - 我在活动后的反思
    - ①
    - ②
    - ③
  - 我在活动后的行动
    - ①
    - ②
    - ③

活动延伸

1. 纪录片推荐：二十四节气大型纪录片《四季中国》（央视网）。
2. "二十四节气"是中华民族古老智慧的结晶，对于保护和传承该民俗文化，你有哪些心得体会？

活动 28　纸上艺术展

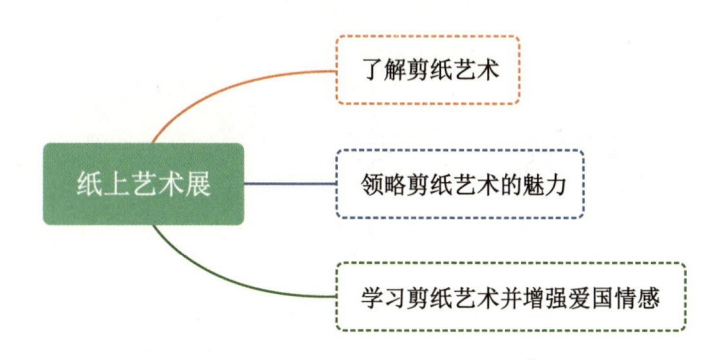

```
                        ┌─────────────────┐
                    ────│ 了解剪纸艺术      │
                   /    └─────────────────┘
┌──────────────┐  /     ┌─────────────────────┐
│ 纸上艺术展    │──────│ 领略剪纸艺术的魅力    │
└──────────────┘  \     └─────────────────────┘
                   \    ┌──────────────────────────┐
                    ────│ 学习剪纸艺术并增强爱国情感 │
                        └──────────────────────────┘
```

活动目标

1. 了解剪纸艺术，提高审美能力。
2. 引起学习传统剪纸艺术的兴趣，领略剪纸民俗文化的魅力。
3. 增强爱国情感和保护中国传统民俗文化的意识。

活动探究

✦ 情境导入

超赞！这位"98 后"民间剪纸传承人，将带着国粹走出国门！

2018 年 6 月，在某市市民中心举行了一场名为"廉值千金心向党"剪纸艺术展，把当代价值观融入传统剪纸艺术，引来许多热心市民的关注，和许多剪纸艺术家的参与。

他们中有年届古稀的老艺术家，也有富于朝气的中青年艺术家。其中有一位年轻人，尤其让人眼睛一亮。1998 年出生的他今年才刚满 20 岁，一幅《廉洁向党》的作品，赢得了观众和评委的诸多好评。虽然在这场比赛中，他取得了优秀奖的不错成绩，但他还是认为自己要进步的地方还有很多。

"为什么选择剪纸这条路呢？"他的回答很有意思。"其实，除了剪纸之外，我还喜欢传统戏曲，喜欢所有中国传统的文化，剪纸里的那些飞禽、鸟兽，除了表达作者心境之外，更与中国古老的刺绣、戏曲相通。我相信这些传统文化能被传承下去，并会被年轻人赋予新的生命。"或许，他的看法，也是今天更多参与传统文化复兴和传承的年轻人的信念。

他说，过完村里的"正月廿"，他要去韩国半年开展文化交流，剪纸是国粹，走出国门希望有新的收获。他说话时的眼神熠熠生辉，这是带着"文化自信"的眼神，这是属于年轻一代的自信。

学生思考

1. 你了解剪纸艺术吗？

2. 剪纸艺术作为我国的传统文化走出国门的意义是什么？

3. 我们应该如何保护和传承剪纸艺术？

人文底蕴素养

✳ 知识探究

剪纸艺术是最古老的中国民间艺术之一，作为一种镂空艺术，它能给人以视觉上以透空的感觉和艺术享受。剪纸用剪刀将纸剪成各种各样的图案，如窗花、门笺、墙花、顶棚花、灯花等。

从一些考古遗存发现，剪纸艺术在北朝（386年—581年）时期就已经出现了，至今已经有一千五百年的历史了，当时的剪纸技艺已经相当精熟。中国的剪纸，自诞生以来，就与民俗共生共长，随着迎春、祭祀、驱疫等民俗活动的广泛开展，民俗剪纸也成为民俗活动中不可或缺的主角。而民俗剪纸的每一步完善发展，几乎都伴随着古代风俗。

活动体验

◆ 比

有趣的剪纸：每只蝴蝶都有不同的形状、色彩，它的花纹是由点、线、圆形、三角形等基本形状组成的。在蝴蝶剪纸中有一个最大的特点——对称。请同学们利用蝴蝶对称这一特点进行剪纸创作。

制作方法和步骤：

（1）同学们拿出一张彩纸上下或者左右对折；

（2）拿出笔在有折痕的纸上画上蝴蝶的外形；

（3）用剪刀沿着画出的痕迹剪下来；

（4）展开彩纸进行整理。

要求：创作一只拥有自己风格的蝴蝶剪纸作品，大胆想象，勇于实践。

展评：投票选出优秀学生作品进行展览。

重要提示：注意安全。

✎ 写

剪纸寓意知多少：请大家猜猜以下剪纸作品的寓意分别是什么？

剪纸作品	寓　　意
石榴	
连年有余	
龙凤呈祥	
鹿鹤同春	

人文底蕴素养

活动回顾

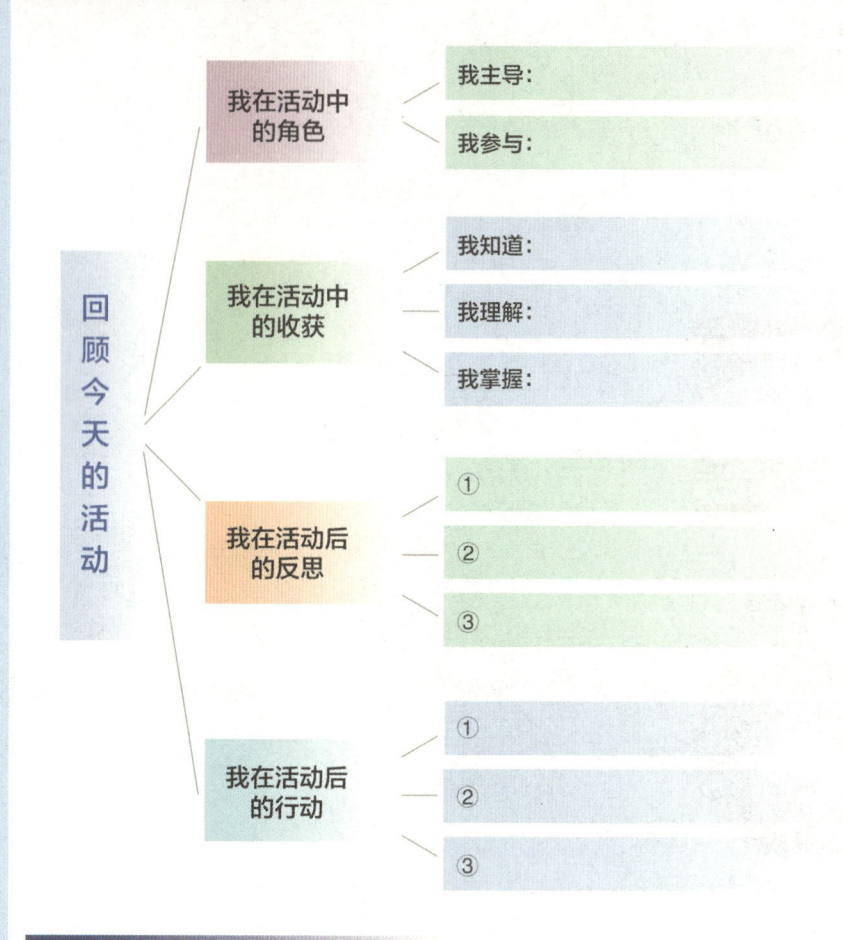

回顾今天的活动
- 我在活动中的角色
  - 我主导：
  - 我参与：
- 我在活动中的收获
  - 我知道：
  - 我理解：
  - 我掌握：
- 我在活动后的反思
  - ①
  - ②
  - ③
- 我在活动后的行动
  - ①
  - ②
  - ③

活动延伸

1. 视频推荐：《考古发现宝藏纪录片·生命的流向·剪纸》。
2. 你喜欢剪纸艺术吗？请谈谈学习剪纸艺术的感想。

活动 29 中国结，中国心

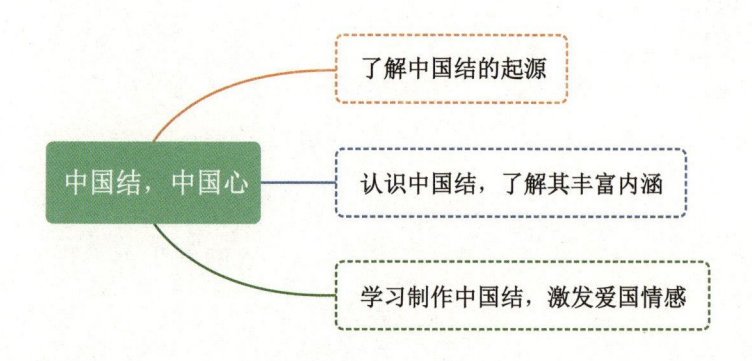

```
                    ┌─ 了解中国结的起源
                    │
    中国结，中国心 ──┼─ 认识中国结，了解其丰富内涵
                    │
                    └─ 学习制作中国结，激发爱国情感
```

活动目标

1. 了解中国结的起源。
2. 通过认识中国结，了解其丰富内涵。
3. 通过学习制作中国结，激发学生的爱国情怀。

活动探究

情境导入

这几年，有一个特别受宠的饰物——中国结。

你看，在商店的橱窗里，在百姓的客厅中，在机关单位的大门口；在欢度节日的人群中，在归国旅游的白发苍苍的老华侨胸前，甚至在孩子们的颈上；在首都北京，在西南地区少数民族村寨，到处都可以看到中国结那富于丝绸质感的鲜红、美丽、典雅的造型。中国结以它那特有的风韵活跃在人们的视野里，装点着中华大地。

中国结，是民间艺人的杰作。一根根红色的丝绳，经他们的巧妙编结，就成了巧夺天工的工艺品。如果再配以各种饰品，如鱼，

人文底蕴素养

如古钱，如十二生肖，那更是变化无穷，令人叹为观止。它或象征幸福，或隐喻爱情，或呼唤友谊，或赞美生命；有的是喜庆的标志，有的是智慧的图腾；它烘托着欢乐，燃烧着热情……总之，它代表着祥和，代表着幸福，代表着中国人对未来的憧憬。

中国结表现着中国心，饱含着中国情。

中国结由一根丝绳缠结而成，不管这根绳经过如何曲折的缠绕，总是不离不弃，始终围绕着它的起点。怪不得海外的华人特别喜欢中国结，因为他们知道自己是编织中国结的那根绳子的一部分。中华儿女同根生，这根绳子扯得再远，也离不开它的"头"。这个"头"就是自己的祖国，自己的乡土。因此，中国结又是炎黄子孙心连心的象征。

中国结，不但中国人喜欢，外国人也喜欢。许多来华的外国人，离开时总不忘买几个中国结，准备送给亲朋好友。因为它带着东方的神韵，渗透了既古老又现代的文明，向世界传递着祥和和喜庆。

（来源：北师大版第七册《语文》课文）

学生思考

1. 你知道多少中国结的种类？

2. 中国结可以运用在哪些地方？

3. 你如何理解中国结里蕴含的中国心、中国情？

✤ 知识探究

中国结，全称为中国传统装饰结，是中华民族流行千载的手工编织艺术品。其始于上古，兴于唐宋，盛于明清。因为其外观对称精致，可以代表中华民族悠久的历史，符合中国传统装饰的习俗和审美观念，故命名为中国结。中国结中，有双钱结、纽扣结、琵琶结、团锦结、十字结、吉祥结、万字结、盘长结、藻井结、双联结、蝴蝶结、锦囊结等多种样式。中国结代表着团结、幸福、平安，特别是在民间，它精致的做工深受大众的喜爱。

活动体验

做

制作一个吉祥结。

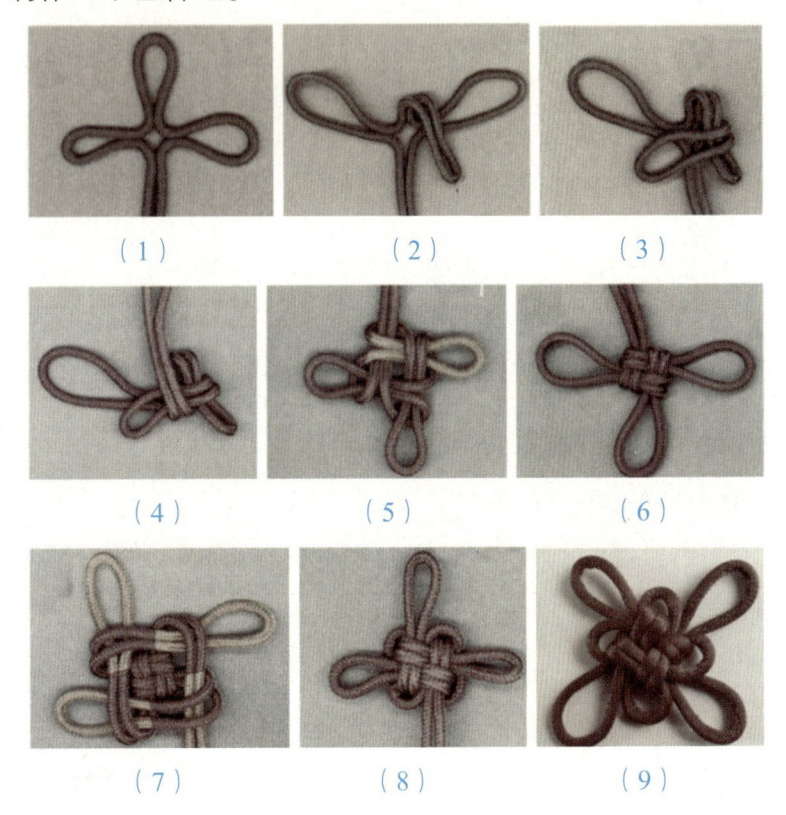

（1）　　　　　（2）　　　　　（3）

（4）　　　　　（5）　　　　　（6）

（7）　　　　　（8）　　　　　（9）

准备工具：绳子（尼龙材质）、镊子、固定板（泡沫板）、珠针、剪刀等。

制作步骤：

（1）先做三个环，排成"十字"；

（2）将中间的环压住右边的环；

（3）将右边的环翻压；

（4）把下面的两根绳翻压到上面；

（5）将最后一个环按图示方向穿出；

（6）平均施力，将环和绳头向四周拉紧；

（7）用同样的方法将三个环和绳头以相反的方向翻压穿出；

（8）最后拉紧，整理；

（9）完成吉祥结的制作。

演

动动手、动动脑。

以小组为单位，上网搜索不同种类中国结的制作方法，制作一个或多个中国结作品，展示出来与同学们交流。

活动回顾

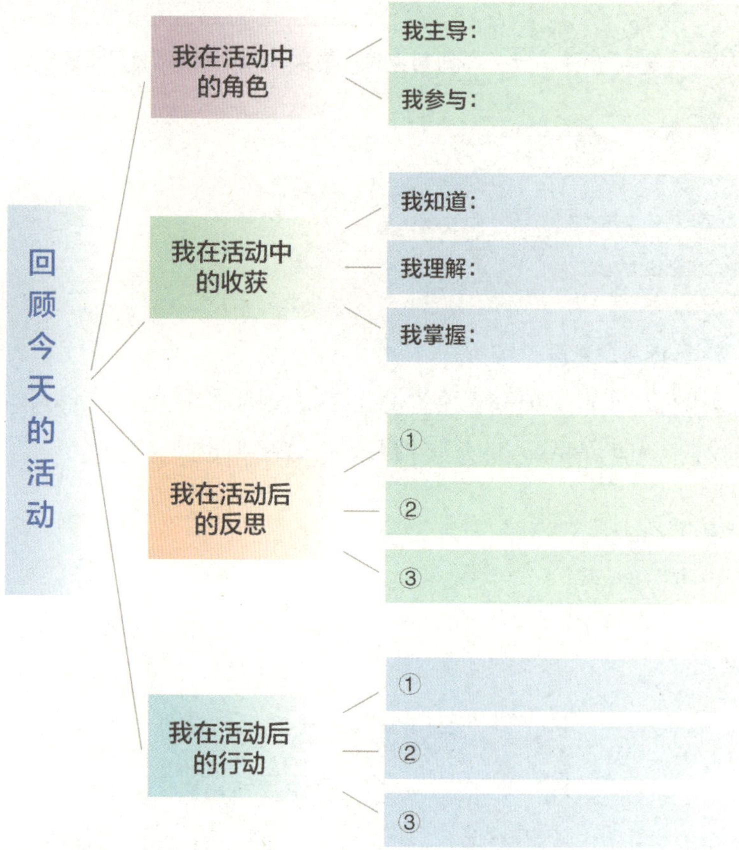

回顾今天的活动

- 我在活动中的角色
  - 我主导：
  - 我参与：
- 我在活动中的收获
  - 我知道：
  - 我理解：
  - 我掌握：
- 我在活动后的反思
  - ①
  - ②
  - ③
- 我在活动后的行动
  - ①
  - ②
  - ③

活动延伸

1. 视频推荐：《造物集——中国结的系法》。

2. 在制作中国结的过程中，不仅拉近了同学们之间的距离，也懂得了动手能力与团队合作能力的重要，请谈谈你的感悟。

人文底蕴素养

活动 30　好家风，伴成长

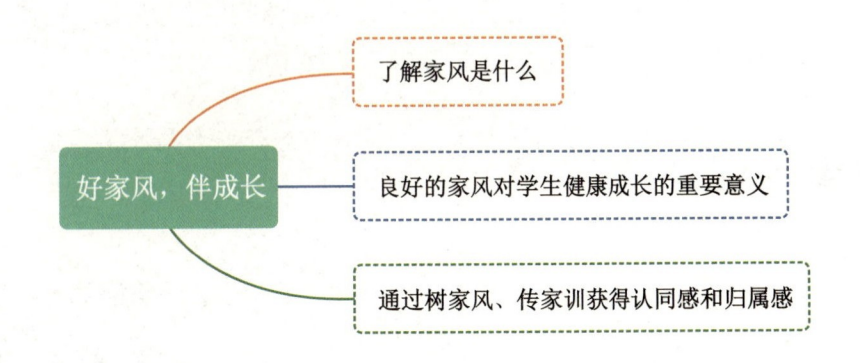

```
好家风，伴成长 ── 了解家风是什么
              ── 良好的家风对学生健康成长的重要意义
              ── 通过树家风、传家训获得认同感和归属感
```

活动目标

1. 了解家风是什么。
2. 认识到良好的家风对我们的健康成长的重要意义。
3. 通过树家风、传家训来获得认同感和归属感。

活动探究

❋ 情境导入

古之欲明明德于天下者，先治其国；欲治其国者，先齐其家；欲齐其家者，先修其身；欲修其身者，先正其心；欲正其心者，先诚其意；欲诚其意者，先致其知，致知在格物。物格而后知至，知至而后意诚，意诚而后心正，心正而后身修，身修而后家齐，家齐而后国治，国治而后天下平。

❋ 学生思考

1. 你觉得家风是什么？

活动 30

2. 家风对于传承我国的优秀传统文化有何意义？

3. 你知道哪些古今中外家风家训的故事？

✿ **知识探究**

　　家风又称门风，指的是家庭或家族世代相传的风尚、生活作风，即一个家庭当中的风气。家风是给世代家族成员树立的价值准则。家风是一个家庭长期培育形成的一种文化和道德氛围，有一种强大的感染力量，是家庭伦理和家庭美德的集中体现。家风是家庭成员道德水平的集中体现。家风作为一种精神力量，它既能在思想道德

137

上约束其成员，又能促使家庭成员在一种文明、和谐、健康、向上的氛围中不断发展。

活动体验

比

互相讨论，写出能够表示家风的词语，比一比，看谁写的最多。

写

树家风，传家训。

注重家风建设是我国历史上众多志士仁人的立家之本。从古至今，颜之推的《颜氏家训》，诸葛亮的《诫子书》，周怡的《勉谕儿辈》，朱子的《治家格言》，《曾国藩家书》，《傅雷家书》，等等，都在民间广为流传，闪烁着良好家风的思想光芒。

请你列出5~10条家规，让我们走进各个家庭，感受其家风，品味其情怀。

赏

欣赏并朗诵美文《傅雷家书》

《傅雷家书》选段：聪，亲爱的孩子。收到9月22日晚发的第六封信，很高兴，我们并没有为你前封信感到什么烦恼或是不安。我在第八封信中还对你预告，这种精神消沉的情形，以后还会有的。我是过来人，决不至于大惊小怪。你也不必为此担心，更不必硬压在肚里不告诉我们。心中的苦闷不在家信中发泄，又哪里去发泄呢？孩子不向父母诉苦，没有谁可诉苦。我们不来安慰你，又该谁来安慰你呢？人一辈子都在高潮低潮中浮沉，唯有庸庸碌碌的人，生活才如死水一般；或者要有极高的修养，才能廓然无累，真正地解脱。只要高潮不过分使你紧张，低潮不过分使你颓废就好了。太阳太强烈，会把五谷晒焦；雨水太猛，也会淹死庄稼。我们只求心理相对平衡，不至于受伤害而已。你也不是栽了筋斗爬不起来的人。我预料在国外这几年，对你整个的人生也有很大帮助。这次来信所说的痛苦，我都理会的，我很同情，我愿意尽量安慰你、鼓舞你。克利斯朵夫不是经过多少回这种情形吗？他不是一切艺术家的缩影与结晶吗？慢慢地你会养成另一种心情对付过去的事：就是能够想到而不再惊心动魄，能够以客观的现实分析前因后果，做将来的借鉴，以免重蹈覆辙。一个人唯有敢于正视现实，正视错误，理智分析，彻底感悟，才不至于被回忆侵蚀。我相信你逐渐会学会这一套，越来越坚强的。我以前在信中和你提过感情的，就是要你把这些事当作心灵的灰烬看，看的时候当然不免感触万端，但不要刻骨铭心地伤害自己，而要像对着古战场一般的存着凭吊的心怀。倘若你认为这些话是对的，对你有些启发作用，那么将来在遇到因回忆而痛苦的时候（那一定免不了会再来的），拿出这封信来重读几遍。

人文底蕴素养

活动回顾

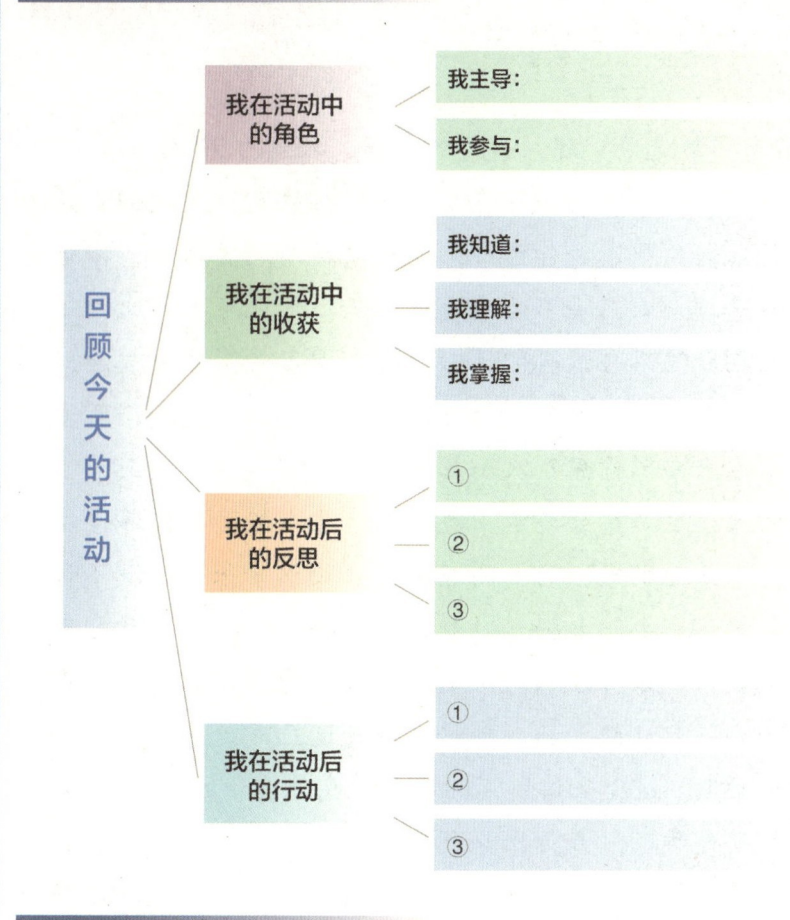

```
回顾今天的活动
├── 我在活动中的角色
│   ├── 我主导：
│   └── 我参与：
├── 我在活动中的收获
│   ├── 我知道：
│   ├── 我理解：
│   └── 我掌握：
├── 我在活动后的反思
│   ├── ①
│   ├── ②
│   └── ③
└── 我在活动后的行动
    ├── ①
    ├── ②
    └── ③
```

活动延伸

1. 阅读推荐：《颜氏家训集解》。
2. 树家风、传家训的意义和价值是什么？

活动 31 玩味纯美自然

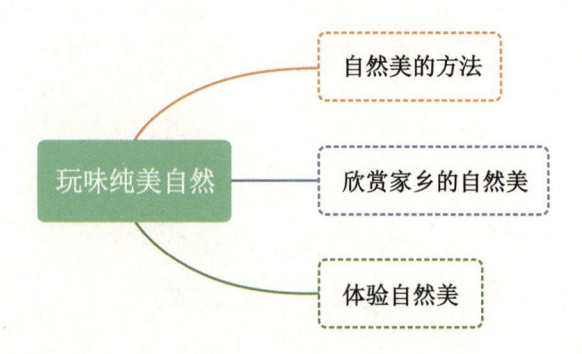

玩味纯美自然
- 自然美的方法
- 欣赏家乡的自然美
- 体验自然美

活动目标

1. 认识自然美的类型，理解欣赏自然美的方法。
2. 学会欣赏家乡的自然美，体会祖国的生态文明美。
3. 学会体验当下的自然美。

活动探究

情境导入

请观看下面的图片。

人文底蕴素养

🎯 学生思考

1. 你觉得什么是自然美？

2. 你向往去哪些自然美的地方旅游呢？

3. 请准备3～4张关于家乡自然美的图片（可以网上搜索或自己拍摄）。

✳️ 知识探究

不同社会经历与生活体验的人对同一自然事物的感受不同，引发的思想情感、美感各有差异，但人们对自然美现象也有认同的一面。尤其是对于文化修养相当、生活阅历相近的人，更容易对同一自然事物产生相近的美感。

奇险美的基本特征是变化多端、离奇曲折、令人感到奇异、趣味无穷，如"天下奇"的黄山，其奇美主要表现为峰奇、石奇、松奇、云奇"四绝"。

壮丽美的基本条件是景色壮丽、高大辽阔且气势磅礴，如肃穆与雄壮交织的泰山、绵延起伏的万里长城。

幽静美的基本特征是丛山深谷、古木浓荫、寂静幽深与气氛凝重之感，如四川青城山，当游客漫步在茂林深处狭长的小路上，或坐在亭中小憩，会不由自主地被周围的幽静氛围所感染。

秀丽美的基本条件是景色清新、柔和、恬淡、秀丽，如缥缈如画的峨眉山、姿态万千的漓江、清亮盈盈的西湖等。

人对自然美的欣赏，可从欣赏客观自然美、欣赏主客观相统一的自然美、享受人与自然的默契角度来感受。

欣赏客观自然美是客观风景的奇险、壮丽、幽静、秀丽，如草原为客观风景，给人以壮丽、辽阔、浩瀚的感觉。

欣赏主客观相统一的自然美是不仅欣赏自然美，还融入人的主观意识、情感、品格、精神（双重美），如看到草原会感受到辽阔，给人以心胸宽广、无限可能的感受。

活动体验

画

以小组为单位，每个小组运用知识探究的内容绘出图片，并勾选对应的自然美类型与欣赏的方法。

绘制内容	自然美类型	自然美欣赏
清新宁静的小路	奇险美（ ） 壮丽美（ ） 幽静美（ ）	客观美：

续表

绘制内容	自然美类型	自然美欣赏
清新宁静的小路	秀丽美（　）	主客体统一（主观我与自然统一）感受：
自古华山一条路	奇险美（　） 壮丽美（　） 幽静美（　） 秀丽美（　）	客观美： 主客体统一（主观我与自然统一）感受：
风吹草低现牛羊	奇险美（　） 壮丽美（　） 幽静美（　） 秀丽美（　）	客观美： 主客体统一（主观我与自然统一）感受：
西湖翠绿醉游人	奇险美（　） 壮丽美（　） 幽静美（　） 秀丽美（　）	客观美： 主客体统一（主观我与自然统一）感受：

◆讲

每个小组派一名代表进行家乡美景的讲述，如秋瑾故居、凤凰古城、橘子洲头、张家界，可以从自然美的类型、欣赏美的方法入手。

活动 31

◆ 读

每个小组选择一首自然美的古诗，并上台进行朗诵比赛。

◆ 动

每个小组体验自然美：美在当下，玩转树叶——请大家利用自然中的树叶制作有趣的图形（动物、风景等）。

◆ 评

由每个小组推选 1 位同学担任活动评审员组成评审组，分别对以上各组的表现进行评分，同时评选出 2 位最佳同学、2 位制作小明星、1 个最佳小组，最后由 2 位同学进行点评。

活动回顾

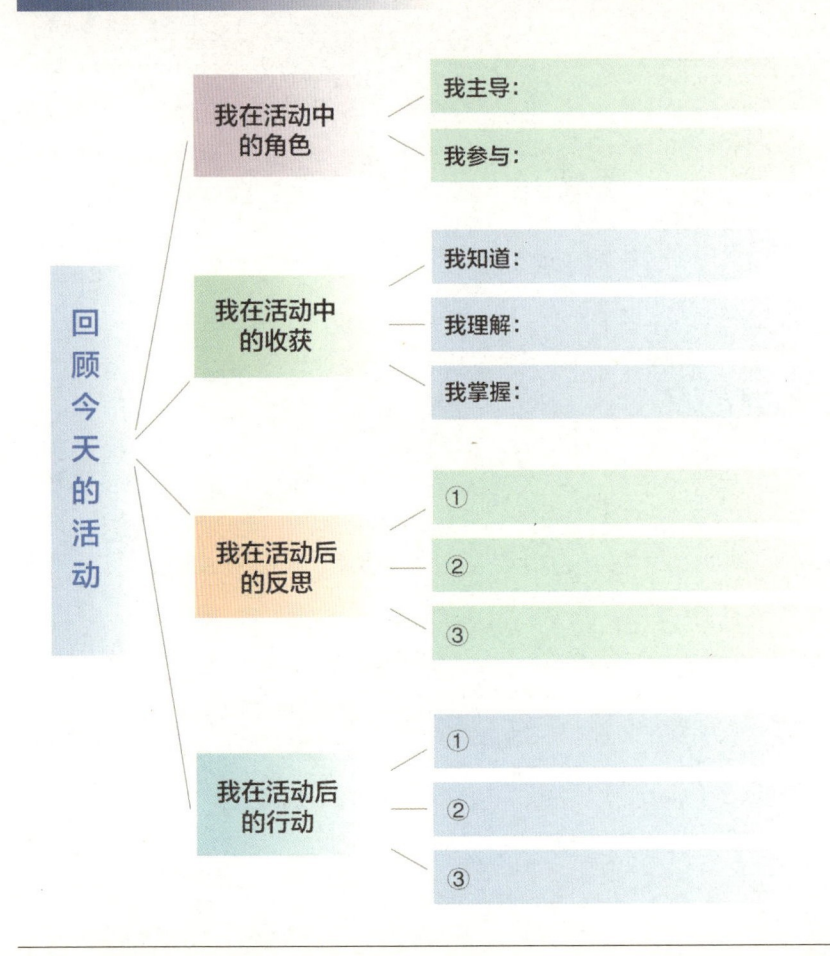

回顾今天的活动
- 我在活动中的角色
  - 我主导：
  - 我参与：
- 我在活动中的收获
  - 我知道：
  - 我理解：
  - 我掌握：
- 我在活动后的反思
  - ①
  - ②
  - ③
- 我在活动后的行动
  - ①
  - ②
  - ③

活动延伸

1. 观看视频：央视《探索与发现》自然美部分，写下你的观看感受（100字内）。

2. 推荐杂志：阅读《国家地理》，摘抄美文一段（100字以上）。

活动 32　玩转炫美校园

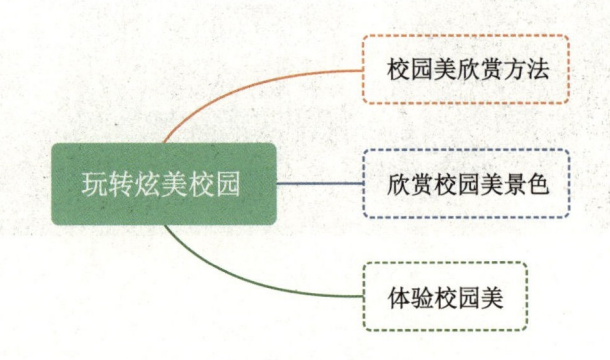

- 玩转炫美校园
  - 校园美欣赏方法
  - 欣赏校园美景色
  - 体验校园美

活动目标

1. 认识与体验校园的美。
2. 学会理解、多角度欣赏校园的美。
3. 运用与实践校园美。

活动探究

情境导入

请观看下面的图片。

人文底蕴素养

学生思考

1. 你觉得我们的校园美吗？校园景色可以分为哪几类？

2. 请用一句优美的词句形容我们的校园。

知识探究

走在优美的校园中，看着明媚的建筑物，听着鸟儿婉转鸣叫，我们充分感受着校园环境：

建筑环境主要是供师生公共活动与居住的建筑物，如校园的教学楼、图书馆、特色的藏馆等。

风景环境主要是校园的自然风光、景物，如校园四季风景、美丽植物等。

人文环境主要是校园文化、人文规范、社团活动等，如校园文化节、文化宣传提示、各类社团与比赛活动。

活动体验

写

以小组为单位，每个小组运用知识探究内容，写出下表中图片主要属于哪种分类，并写出相应的理由。

欣 赏 图 片	环 境 类 型	理　　由
	建筑类（　　） 风景类（　　） 人文类（　　）	
	建筑类（　　） 风景类（　　） 人文类（　　）	
	建筑类（　　） 风景类（　　） 人文类（　　）	

人文底蕴素养

◆ 讲

请从自然美、人文美等多角度描写校园一角，每个小组选择 1 位同学上台分享。

◆ 比

请观看校园手绘地图，各小组成员全员参与，可运用各种形式对校园风景进行导览讲解，投票选出最佳"校园小导游"组。

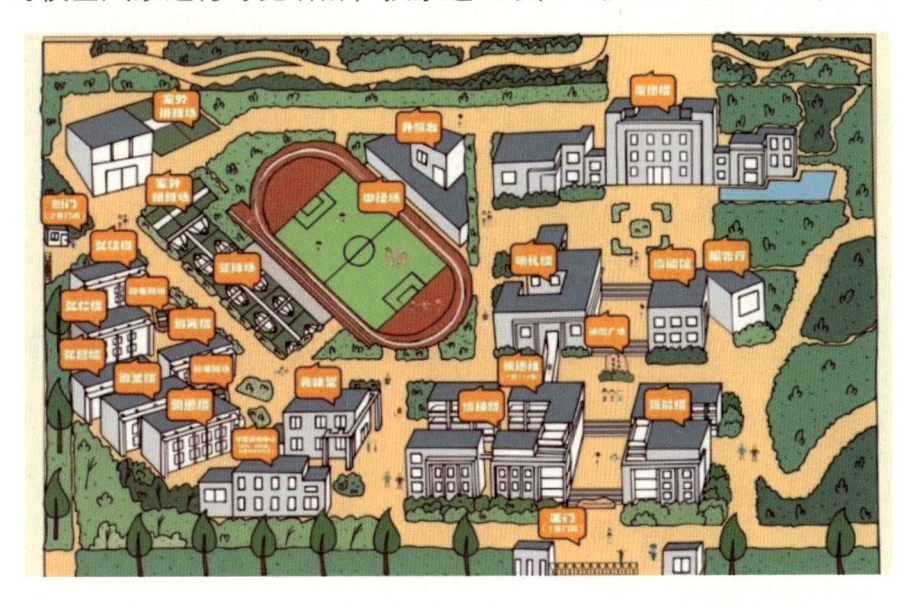

◆ 做

体验自然美：以"美丽校园"为主题，每个小组运用手机拍照，人文类、建筑类、风景类均可，并选择合适的照片贴在班级宣传栏中。

◆ 评

由每个小组推选 1 位同学担任活动评审员组成评审组，分别对以上各小组的表现进行评分，同时评选出 2 位最佳同学、2 位最佳摄影师、1 个最佳小组，最后由 2 位同学进行点评。

活动回顾

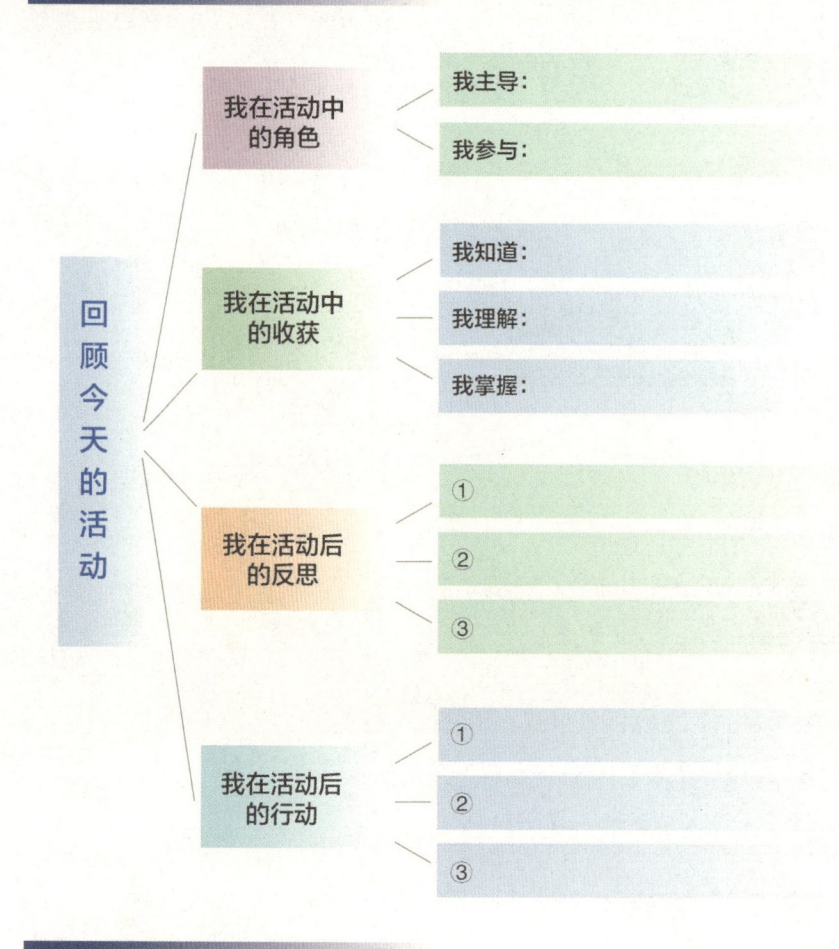

```
                          ┌─ 我主导：
          我在活动中的角色 ─┤
                          └─ 我参与：

                          ┌─ 我知道：
          我在活动中的收获 ─┼─ 我理解：
回顾今天的活动            └─ 我掌握：

                          ┌─ ①
          我在活动后的反思 ─┼─ ②
                          └─ ③

                          ┌─ ①
          我在活动后的行动 ─┼─ ②
                          └─ ③
```

活动延伸

1. 推荐阅读：李泽厚的《美的历程》，并摘抄 2 段经典语句。
2. 思考：美是如何演变的？用一句话表述。

人文底蕴素养

活动 33　美的行为塑心灵

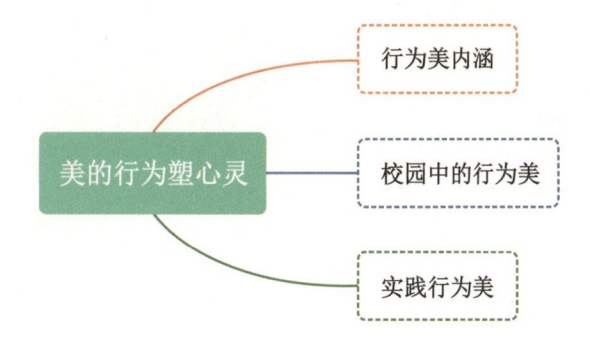

```
美的行为塑心灵 ── 行为美内涵
            ── 校园中的行为美
            ── 实践行为美
```

活动目标

1. 认识与体会校园中的行为美。
2. 增强校园行为美意识。
3. 学会运用与实践行为美。

活动探究

❋ 情境导入

请观看下面的图片。

学生思考

1. 这两间教室有什么不同？

2. 你认为的行为美是什么？

3. 每组选择 2 位同学提前准备班会中的小品：行为美。

知识探究

行为美是人的行动、举止的美。它既是人际交往过程中待人接物的礼仪美，又是内心伦理的外在行动美。它既与道德有关，又与审美有关。

行为美主要分为三个方面：遵守公共秩序，遵守时间，餐饮礼仪。

1. 遵守公共秩序

在教室：上课期间尽量不用手机、不迟到、不早退、不旷课；必须在规定时间内到达教室上早/晚自习。在教室不大声喧哗，不打扰同学学习，时刻保持教室卫生整洁。

在寝室：要遵守作息时间，每天按时起床，按时完成寝室卫生打扫；不大声吵闹，不影响同学休息，熄灯后尽量不使用手机。

餐厅：有秩序地排队就餐，不浪费一次性餐具，保持餐厅卫生。

2. 遵守时间

跟同学、老师相约要按时到达，守时是一个人的诚信；如临时有事，要提前说好，以免造成误会。

3. 餐饮礼仪

在餐桌上的表现，特别能反映一个人的修养：用餐时不要浪费食物；进食时不要动作太大，不要发出令人生厌的声音。

活动体验

演

以小组为单位，每个小组选派 2 位同学，模拟情景小品，并选择 2 位同学谈一谈表演感受。

情景 1：早上上课匆忙，2 位同学在教室里边吃早餐边乱扔包装袋。

情景 2：课间休息时间，2 位同学打闹起哄，乱扔矿泉水瓶。

情景 3：在食堂，2 位同学吃饭时满桌饭粒，乱扔餐具。

情景 4：自选。

论

（1）看完各小组的扮演行为，你有什么感受？

（2）分组讨论：如何改善情景中的行为美？

情 景 行 为	改 善 方 法
情景 1 行为	
情景 2 行为	
情景 3 行为	
情景 4 行为	

（3）根据改善后的行为，每个小组选派 2 位同学换位演出。

写

每个小组制作一份"美丽校园我行动"倡议书，并选派 1 位同学上台进行讲述。

人文底蕴素养

◇ 评

　　由每个小组推选 1 位同学担任活动评审员组成评审组，分别对以上各小组的表现进行评分，同时评选出 2 位"行为美小天使"、1 个最佳小组，投票评选最佳行动美倡议书并通过班级宣传栏进行展示，最后由 2 位同学进行点评。

活动回顾

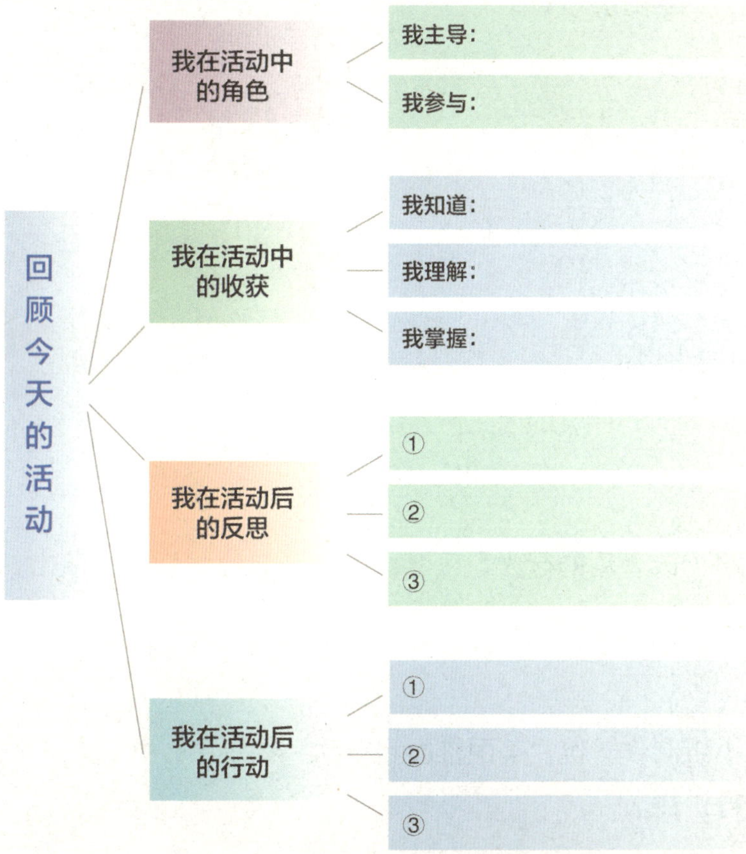

回顾今天的活动

- 我在活动中的角色
  - 我主导：
  - 我参与：
- 我在活动中的收获
  - 我知道：
  - 我理解：
  - 我掌握：
- 我在活动后的反思
  - ①
  - ②
  - ③
- 我在活动后的行动
  - ①
  - ②
  - ③

活动延伸

制作 21 天行动美计划清单。

周　次	行　动　计　划
第一周	第一天： 第二天： 第三天： 第四天： 第五天： 第六天： 第七天：
第二周	第一天： 第二天： 第三天： 第四天： 第五天： 第六天： 第七天：
第三周	第一天： 第二天： 第三天： 第四天： 第五天： 第六天： 第七天：

人文底蕴素养

活动 34　美的言语润心田

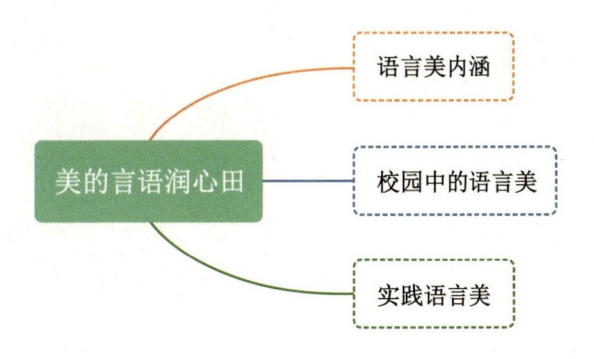

```
美的言语润心田 ── 语言美内涵
              ── 校园中的语言美
              ── 实践语言美
```

活动目标

1. 认识与体会校园中的语言美。
2. 增强语言美意识。
3. 学会运用与实践语言美。

活动探究

❋ 情境导入

某领导在一次演讲中，刚刚进行到一半时，台下突然有个捣蛋鬼用高声侮辱言语打断了他。领导虽然受到了干扰，但他急中生智，不慌不忙地说："这位先生，请稍安勿躁，我马上就会讲到你所提出的关于环保的问题。"

❋ 学生思考

1. 你经常说负能量的语言吗？

2. 你认为的语言美是什么？

✹ 知识探究

人际交往中的语言美，是心灵美的言语表达，包括交谈时的形式与内容等。基本要求为语言准确、生动、谦逊、文雅与有礼貌。

语言美反映个体在时代背景下，文化素养、思想道德与情感在语言上的传达。它是交际的必要手段，直接影响沟通效率与人际关系的和谐。

日常礼貌用语：

（1）感谢语：谢谢、劳驾、您费心、拜托、麻烦、感谢您……

（2）见面语：您好、你好、大家好、早上好、下午好、晚上好、很高兴见到你……

（3）告别语：再见、欢迎再来、祝您一路顺风、下次再来……

（4）致歉语：

向对方致歉时：对不起、请原谅、很抱歉、请稍等、请多包涵……

接受对方致歉时：别客气、没关系、请不要放在心上……

活动体验

◆ 写

1. 每个小组选派 2 位同学，模拟以下情景。

情景 1：当你想向同学借笔用时，你会怎么说？怎么做？
情景 2：当宿舍同学玩游戏声音较大时，你会怎么说？怎么做？
情景 3：下课后楼梯间比较拥挤时，你会怎么说？怎么做？
情景 4：自选。

情景事件	你的语言、行动
情景 1 事件：	
情景 2 事件：	
情景 3 事件：	
情景 4 事件：	

2. 每个小组选派 1 位同学讲述自己的语言与行动方式，并进行换位演出。

◆ 动

每个小组开展日常用语"语言美 PK"活动，说的越多、语言越优美的小组获胜。

◆ 做

每个小组制作每日 5 句"语言美"行动计划（坚持 21 天）。

5句"语言美"行动计划
第一句:
第二句:
第三句:
第四句:
第五句:

评

由每个小组推选 1 位同学担任活动评审员组成评审组，分别对以上各小组的表现进行评分，同时评选出 2 位最佳表现个人、1 个最佳小组，最后由 2 位同学进行点评。

活动回顾

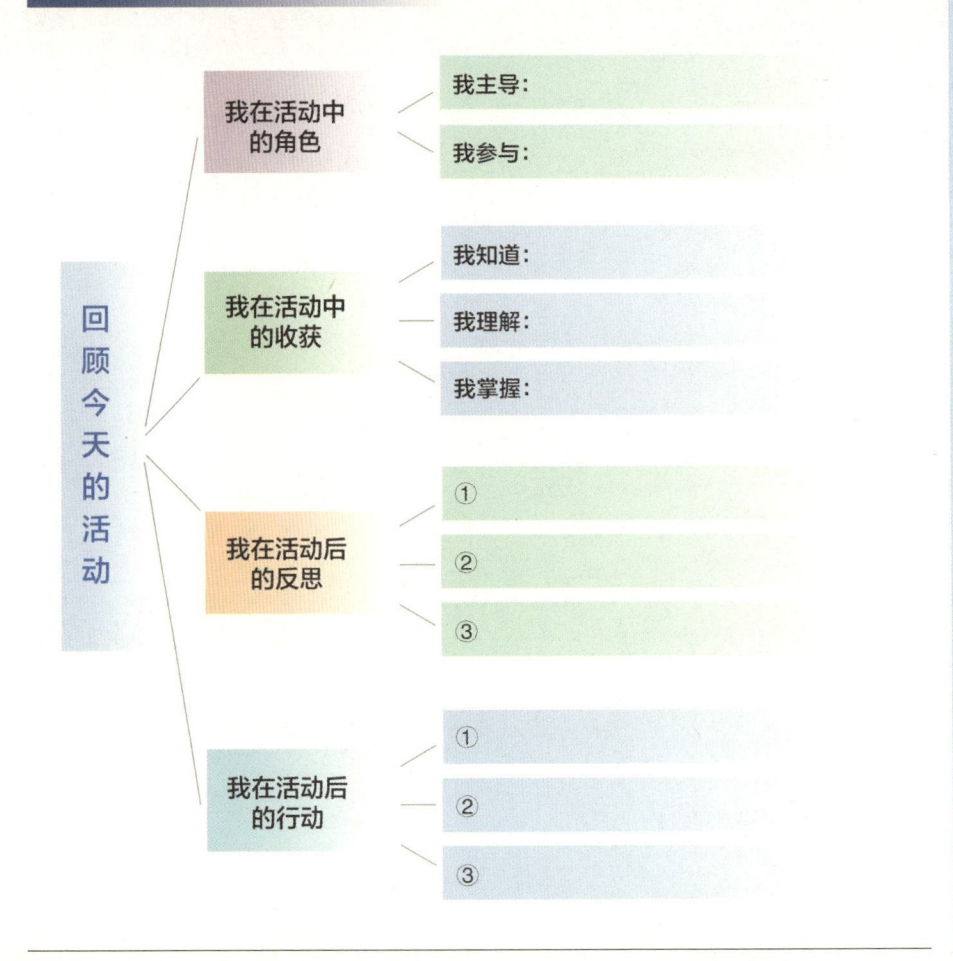

回顾今天的活动
- 我在活动中的角色
  - 我主导：
  - 我参与：
- 我在活动中的收获
  - 我知道：
  - 我理解：
  - 我掌握：
- 我在活动后的反思
  - ①
  - ②
  - ③
- 我在活动后的行动
  - ①
  - ②
  - ③

活动延伸

1. 复盘：你的"语言美"计划有哪些方面需要继续改进？
2. 阅读推荐：《沟通的艺术》。

这个世界上任何一段关系都会出现冲突，能够很好地解决冲突也就能很好地处理关系，虽然说每一段关系都是会走向终结的，但是在出现冲突的时候还是冷静处理比较好，毕竟做事要善始善终，关系要好聚好散。

思考：你认为什么是沟通的艺术？用一句话表述。

活动 35 美的人格展心性

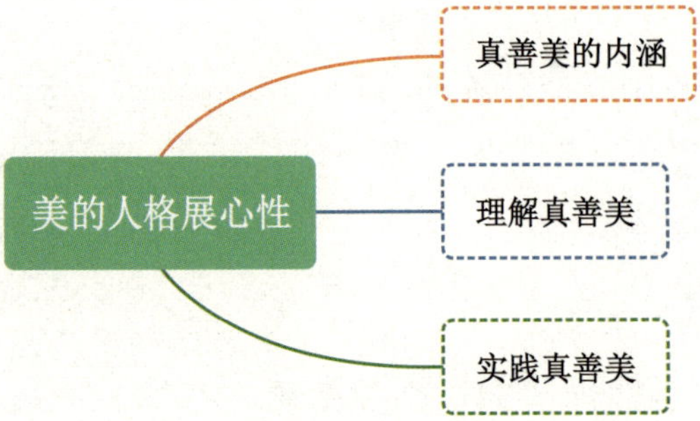

```
                          ┌─────────────┐
                     ┌────│  真善美的内涵  │
                     │    └─────────────┘
┌──────────────┐    │    ┌─────────────┐
│  美的人格展心性  │────────│  理解真善美   │
└──────────────┘    │    └─────────────┘
                     │    ┌─────────────┐
                     └────│  实践真善美   │
                          └─────────────┘
```

活动目标

1. 认识与理解真善美。
2. 增强真善美意识。
3. 学会运用真善美。

活动探究

❀ 情境导入

　　古希腊神话里有一则故事，说的是一个威风凛凛的大力士名叫赫格利斯，从来都是所向披靡、无人能敌的。因此，他是何等踌躇满志、春风得意，唯一的遗憾就是找不到对手。有一天，他行走在一条狭窄的山路上，突然一个趔趄，他险些被绊倒。他定睛一瞧，原来脚下躺着一只袋囊。他猛踢一脚，那只袋囊非但纹丝不动，反而气鼓鼓地膨胀起来。赫格利斯恼怒了，挥起拳头又朝它狠狠地一击，但它依然如故，仍迅速地膨胀着。赫格利斯暴跳如雷，拾取一根木棒朝它砸个不停，但袋囊却越胀越大，最后将整个山道都堵得严严实实。气急败坏却又无可奈何之下，赫格利斯累得躺在地上，

163

气喘吁吁。不一会儿,一位智者走来,见此情景,困惑不解。赫格利斯懊丧地说:"这个东西真可恶,存心跟我过不去,把我的路给堵死了。"智者淡淡一笑,平静地说:"朋友,这个袋囊当初如果你不理会它,或者干脆绕开它,它就不会跟你过不去,也不至于把你的路给堵死了。"

人生在世,人际间的摩擦、误解乃至纠葛、恩怨总是在所难免的,如果肩上扛着它、心中装着它,生活只会如负重登山,举步维艰了,最后,只会堵死自己的路。

学生思考

1. 用文字表述你读完这则故事后的感悟。

2. 在学习、生活中,你打算怎样与人为善、友好相处?

知识探究

"真善美"的内涵:
(1)"真"是真诚待人,做真实的自己,不吹嘘、不浮夸。"真"

包括真心和真行，真心是真心为人好的意识，如推心置腹、问寒问暖等；真行就是真心意识下的行为，如讲真话、办实事。

（2）"善"就是善良，是对他人无私的关爱和祝福，是来自内心深处的真诚、怜惜与同情。

（3）"美"是指心灵美，而不是外表美，也就是人们常说的美丽心灵。

活动体验

◆ 搜

在老师的指导下，每个小组上网查找"真善美"的故事资料，并熟练总结成 3 个小故事，由 1 位同学讲述并分享学习体会。

◆ 讲

每个小组以"善待同学"为主题，交流分享自己对友谊与宽容的认识以及自身真实的案例。

◆ 写

"予人玫瑰，手有余香"，与人为善，是对别人的释怀，也是对自己的善待；长存感恩，是一种高贵的品质、崇高的境界。请写下你善待他人的心得和建议，每个小组派 1 名代表上台分享。

人文底蕴素养

评

由每个小组推选 1 位同学担任活动评审员组成评审组，分别对以上各小组的表现进行评分，同时评选出 2 位最佳同学、1 个最佳小组，最后由 1 位同学进行点评。

活动回顾

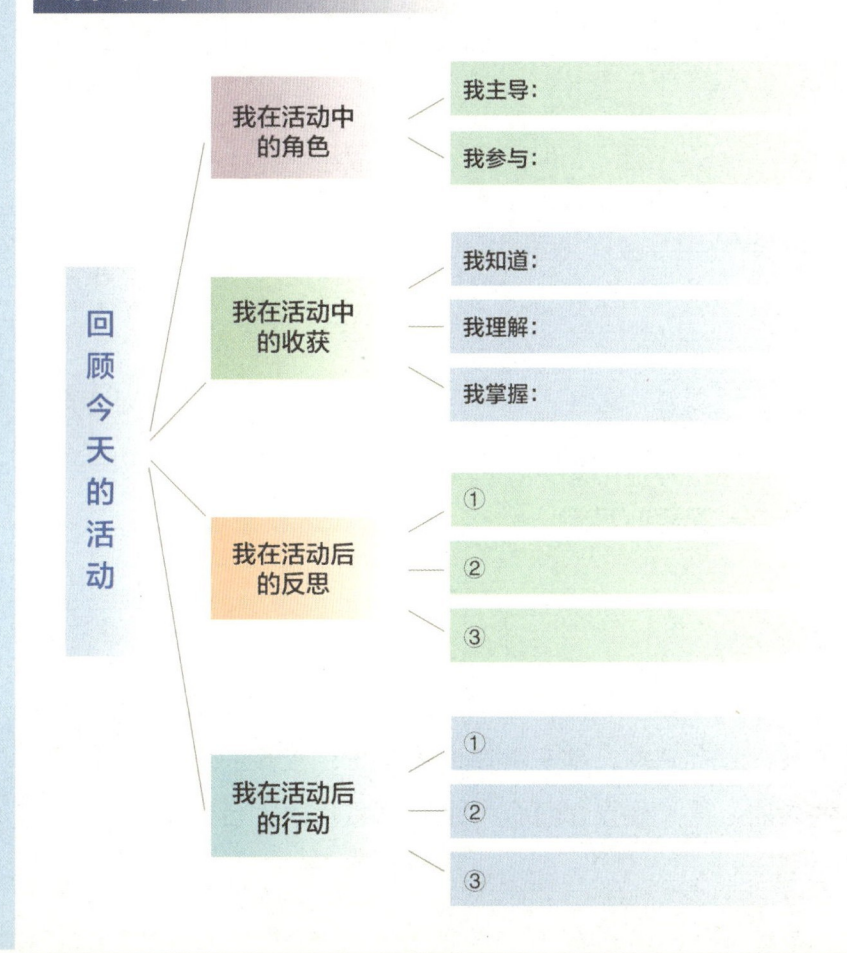

回顾今天的活动
- 我在活动中的角色
  - 我主导：
  - 我参与：
- 我在活动中的收获
  - 我知道：
  - 我理解：
  - 我掌握：
- 我在活动后的反思
  - ①
  - ②
  - ③
- 我在活动后的行动
  - ①
  - ②
  - ③

活动延伸

1. 看案例，谈感想

案例1：2012年5月8日，在一辆客车突然失控并冲向学生的危急时刻，张丽莉不顾个人生命安危，挺身而出，为抢救学生而被卷入车下，造成双腿粉碎性骨折，双腿截肢。她把生的希望留给学生，却把危险留给自己，用无私大爱精神谱写了一曲生命的赞歌。被誉为"最美女教师"的她，以生死瞬间迸发的非凡勇气和人生劫难面前表现出来的坚定从容，展现了纯洁无私的大美形象，成为龙江的骄傲和教师楷模。

案例2：2012年5月29日中午，吴斌在驾驶大客车行驶于沪宜高速时被迎面飞来的制动毂残片砸碎前窗玻璃后刺入腹部致肝脏破裂，但他仍强忍疼痛将车停稳，并提醒车内24名乘客安全疏散及报警。

上面的两个案例故事给我们什么启示？我们该做些什么？

2. 电影推荐：《美丽人生》。

思考：美丽人生由哪些内容构成？

人文底蕴素养

活动 36　怒放的生命

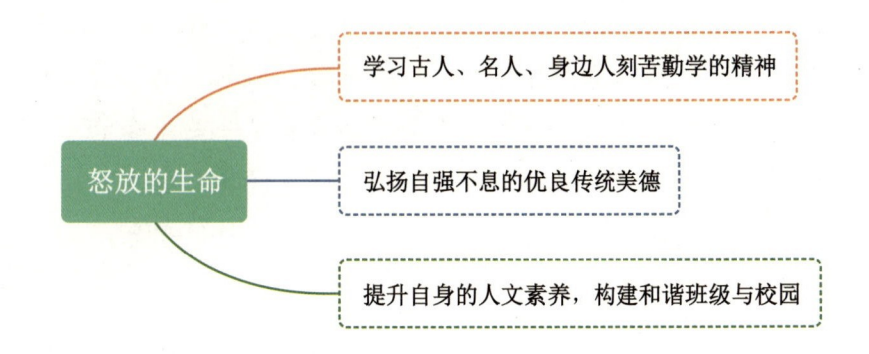

怒放的生命
- 学习古人、名人、身边人刻苦勤学的精神
- 弘扬自强不息的优良传统美德
- 提升自身的人文素养，构建和谐班级与校园

活动目标

1. 审视自己的学习情况，明确今后的努力方向。
2. 完善自我，克服困难，努力实现梦想。
3. 保持积极乐观的态度，坚定追求理想的信心。

活动探究

情境导入

　　刘伟，1987 年 10 月 7 日出生于北京市，中国内地男歌手、演员、钢琴师。刘伟 10 岁时因意外触电失去双臂，12 岁时开始学习游泳，并加入了北京市残疾人游泳队。2005 年，获得"全国残疾人游泳锦标赛"百米蛙泳项目的冠军；同年，开始学习用双脚弹钢琴，仅用一年即可弹奏出相当于手弹钢琴专业 7 级水平的钢琴曲《梦中的婚礼》。2010 年，赴意大利参加吉尼斯世界纪录现场挑战大会，创造了用脚打字一分钟 251 个英文字母的世界纪录。2011 年，出版个人首本自传《活着已值得庆祝》。2012 年 2 月 3 日，出席"感动中国 2011 年度颁奖盛典"，并获得感动中国十大人物以及"隐形翅膀"的称号。

学生思考

1. 刘伟的人生经历对你有什么启示?

2. 生活当中你遇到了哪些挫折会让自己产生退却心理?

3. 在今后的学习与生活中,你会以怎样的态度去面对?

知识探究

刘伟曾参加东方卫视《中国达人秀(第一季)》的比赛,获得全国总决赛冠军。成为"达人秀"的冠军后,许多人认为刘伟的"钱途"一片光明。然而，刘伟却称："我自己承诺过不参加商业演出，因为这样的演出都是重复的无用功，完全不能让自己进步。"谈及成名后的变化，刘伟坦言："没有什么变化，因为人生就是在不停地变化。"对于未来，刘伟希望向音乐创作和制作方面发展。

活动体验

◆谈

1. 请结合个人文史知识储备，简略评述古往今来你最受启发的励志人物。

2. 你如果同样遇到以上励志人物的经历，你会怎样做？

◆写

写一段能提升自己坚韧品质的文字，以此激励自己怒放生命、奋勇前行。

活动36

说

（1）根据班级情况将全体同学分成若干小组，每个小组4~6人。

（2）每个小组选派1名代表讲述本次课的学习感悟。

（3）每个小组挑选一首与本组所分享主题相关的歌曲进行演唱。

活动回顾

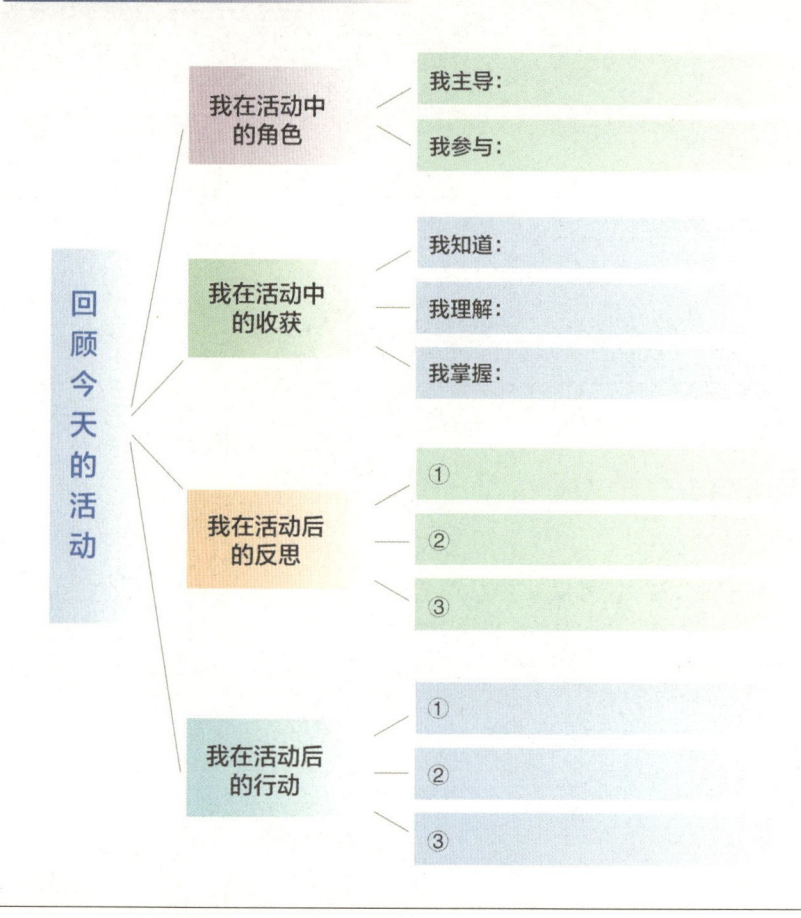

回顾今天的活动
- 我在活动中的角色
  - 我主导：
  - 我参与：
- 我在活动中的收获
  - 我知道：
  - 我理解：
  - 我掌握：
- 我在活动后的反思
  - ①
  - ②
  - ③
- 我在活动后的行动
  - ①
  - ②
  - ③

活动延伸

1. 观看历届《感动中国颁奖盛典》。

2. 请用文字记录下曾经的自己、现在的自己、未来的自己这三段人生的生活态度。